Stephan Landsiedel
Florian wird Unternehmer

Band 2
Das Wachstum

Das Buch

Der vierzehnjährige Florian Goldacker baut in Band 2 der Reihe »Florian wird Unternehmer« seinen Einkaufsservice weiter aus und erhöht seine Umsätze. Er scheint bereits auf seinem persönlichen Erfolgsgipfel angekommen, als ihn die Wirklichkeit härter einholt als ihm lieb ist.
Mit der Angst im Nacken, alles zu verlieren, stellt er sich gemeinsam mit seinen Freunden und Helfern den neuen Herausforderungen. Dabei lernt er eine ganze Menge über Steuern und das Geschäftemachen. Mit den richtigen Lehrern an seiner Seite gelingt es ihm, sein Wissen zu erweitern und seine Persönlichkeit zu entwickeln, um Niederlagen wegzustecken und an seinen Erfolg zu glauben.
Stephan Landsiedel möchte mit seiner Geschichte junge Menschen animieren, sich selbständig zu machen und ihr Leben in die eigene Hand zu nehmen. Er zeigt, wie einfach es ist, eine unternehmerische Idee umzusetzen und sich ein eigenes Einkommen zu schaffen.

Der Autor

Stephan Landsiedel wurde 1973 in Frankfurt am Main geboren. Bereits als Jugendlicher verdiente er sich sein erstes Geld und war erfinderisch darin, neue Geldquellen aufzutun. Mit 19 Jahren gründete er sein erstes Unternehmen, dem fünf weitere folgten. Er studierte über zwei Jahrzehnte die Psychologie des Erfolges, hielt mehr als 2.000 Seminartage und veröffentlichte zahlreiche Bücher und Hörbücher. In der von ihm gegründeten Landsiedel Unternehmer-Akademie trainiert er Unternehmer darin, ihr Unternehmen erfolgreich zu führen.

Weitere Informationen befinden sich auf der Webseite zum Buch: www.florian-wird-unternehmer.de.

Stephan Landsiedel

Florian wird Unternehmer

Band 2: Das Wachstum

Landsiedel Unternehmer-Akademie

Bibliografische Information der Deutschen Nationalbibliothek: Die Deutsche Nationalbibliothek verzeichnet diese Publikation in der Deutschen Nationalbibliographie. Detaillierte bibliografische Daten sind im Internet unter http://dnb.d-nb.de abrufbar.
ISBN: 978-3-940692-52-8

Copyright © 2016 Stephan Landsiedel
Umschlagmotiv: © lassedesignen – Fotolia.com
Bild (S.155, 156, 157): © lassedesignen – Fotolia.com
und © Mademoiselle Bézier – Fotolia.com
Herstellung: BoD – Books on Demand, Norderstedt
Verlag: Landsiedel Unternehmer-Akademie

www.florian-wird-unternehmer.de

Kapitel 1: In der Schule

Es war Mitte September und die Schule hatte nach den langen Sommerferien wieder begonnen. Florian, Nela und ihre Klassenkameraden waren jetzt in der 8. Klasse. Geduldig ließen sie eine Unterrichtsstunde nach der anderen über sich ergehen.

In der letzten Stunde hatten sie Deutsch. Ihre Lehrerin, Frau Berger, gab ihnen als Hausaufgabe mit, einen Aufsatz über ihr interessantestes Ferienerlebnis zu schreiben.

Während Frau Berger den Schülern diese Aufgabe mitteilte, warf Nela ihrem Florian einen vielsagenden Blick zu. Würde er sie in seinem Aufsatz erwähnen? Kaum zu glauben, dass sie sich erst vor wenigen Wochen näher gekommen waren und dann zum ersten Mal geküsst hatten. Immer wieder erinnerte sie sich an jenen denkwürdigen Augenblick bei ihrem Ferien-Trip nach London. Sie war stolz darauf, was sie mit Florian gemeinsam aufgebaut und erlebt hatte.

Am Nachmittag begann Florian seinen Aufsatz. Er beschrieb darin, wie er auf der Suche nach einer Möglichkeit, um Geld für ein Fußballcamp aufzutreiben, das sein großer Durchbruch hätte sein sollen, auf die Idee kam, einen Einkaufsservice zu starten. Aufgrund einer Verletzung konnte er schließlich leider doch nicht am Fußballcamp teilnehmen. Dafür war er jetzt Unternehmer. Das Konzept war sehr einfach. Er kaufte für seine Kunden im Supermarkt mit dem Fahrrad und einem Anhänger ein. Bei Auslieferung der Waren zahlten ihm seine Kunden 10% Provision für seinen Service. Nach und nach hatte er weitere Schüler eingespannt, die für ihn die Kunden bedienten. Dank der Unterstützung seines Mentors Eduardo von Landmann hatte er so über 100 Kunden aufgebaut, die von seinen Helfern beliefert wurden. Zahlreiche Rückschläge hatte er überwinden müssen, aber schließlich hatte er es geschafft. Alle Aufträge wurden inzwischen sogar ohne seine direkte Beteiligung abgewickelt. Woche für Woche verdiente er Geld, ohne dass er dafür persönlich tätig werden musste. Pro Monat kam er auf insgesamt etwa 1.800 Euro. Das war eine unglaublich hohe Summe, die er sich in nur ein paar Wochen aufgebaut hatte. Anfangs hatte er fast jeden Euro in die Firma stecken müssen, ehe er gelernt hatte, wie er es so machen konnte, dass ihm auch etwas übrig blieb.

Florian war sich nicht ganz sicher, ob er seinen Verdienst auch in seinem Aufsatz erwähnen sollte, entschloss sich dann aber, es zu tun. Er war einfach dankbar dafür, wie sich sein Geschäft und seine Persönlichkeit entwickelt hatten. Die zu bewältigenden Herausforderungen hatten aus ihm schon jetzt einen anderen Menschen gemacht, der viel selbstbewusster und positiver in die Welt blickte.

So ganz raushalten konnte er sich natürlich bei seinem Unternehmen nicht. Der Einkaufsservice war sein Baby. Er sprach oft mit den Helfern und vor allem seinem Geschäftsführer Markus, dem er die Aufgaben zu treuen Händen anvertraut hatte. Mindestens einmal pro Woche sprachen sie über die Entwicklung im Unternehmen. Markus war ein sehr guter und gewissenhafter Geschäftsführer, der inzwischen längst die Touren am Samstag alleine betreute und koordinierte.

Nela, das Mädchen mit den roten Zöpfen, den Sommersprossen und den grünen Augen unterstützte Florian, wo immer es ging. Sie wollte einfach nur in seiner Nähe sein. Ihr gegenüber hatte Florian seine Schüchternheit abgelegt. Sie waren kurz vor den großen Sommerferien zusammengekommen und hatten dann in den Ferien jede freie Minute miteinander verbracht. Inzwischen waren sie ein Herz und eine Seele.

Der Kreuzbandriss, den Florian sich beim Fußballspielen zugezogen hatte und der seine Teilnahme am Fußballcamp verhindert hatte, war gut verheilt. Er würde in wenigen Wochen sein Bein wieder voll belasten und auch wieder Sport machen können.

Florian sah in dem Aufsatz eine willkommene Gelegenheit, um noch einmal die Ereignisse der letzten Wochen Revue passieren zu lassen. Nicht ohne ein gewisses Maß an Stolz gab er ihn am nächsten Tag ab.

Drei Tage später hatte ihn Frau Berger gelesen. Als sie die Aufsätze zurückgab, sagte sie »Florian, ich dachte ja erst, du wolltest mich verschaukeln mit deiner Erzählung, aber dann habe ich die Aufsätze von Nela und Markus gelesen. Daraufhin habe ich bei Herrn Polster, dem Geschäftsführer vom Supermarkt angerufen und er hat mir eure Geschichte bestätigt und dich in den höchsten Tönen gelobt. Er sprach davon, dass ich da wohl einen richtigen Jungunternehmer in meiner Klasse hätte. Großartig, was ihr da auf die Beine gestellt habt!«

Florian war noch nie von Frau Berger gelobt worden. Bisher war er in der Schule eher ein unauffälliger Schüler gewesen. Doch das Lob tat ihm gut und er freute sich sehr darüber. Er war hochmotiviert, in Zukunft noch mehr davon zu bekommen.

Kapitel 2: Strategie-Treffen mit Eduardo

Am darauffolgenden Samstag besuchte Florian zusammen mit Nela seinen Mentor Eduardo von Landsmann. Als sie bei der Villa ankamen, war Nela wie schon bei ihrem ersten gemeinsamen Besuch schwer beeindruckt von dem imposanten Gebäude.

Eduardo von Landmann freute sich sehr über seine jungen Besucher und führte sie in den grünen Salon, wo auch schon die vorhergehenden Strategiegespräche zwischen ihm und Florian stattgefunden hatten.

Nach einem kleinen Vorgeplänkel und dem Austausch von Höflichkeiten sprach er Florian direkt an: »Wie möchtest du jetzt als Unternehmer weiter machen? In den letzten Wochen hast du dich ja mehr auf die Ferien konzentriert und dein passives Einkommen genossen.«

Florian war sich gar nicht so sicher, was er machen sollte. Er hatte zwar gelegentlich darüber nachgedacht, aber irgendwie war ihm noch nicht so richtig etwas eingefallen. Darum antwortete er: »Welche Möglichkeiten siehst du denn als erfahrener Unternehmer?«

»Nun, dein aktuelles Unternehmen läuft schon voll auf Autopilot. Markus hat als Geschäftsführer alles gut im Griff und du kannst dich entspannt zurück lehnen. Die erste Frage ist, ob du das Unternehmen noch weiter ausbauen möchtest oder einfach deine freie Zeit genießen willst«, antwortete Eduardo. »Unternehmersein hat ja etwas mit Life-Style zu tun. Manche bevorzugen es, wenig zu arbeiten und das Leben zu genießen. Anderen macht es so viel Spaß, dass sie ihre Unternehmen immer weiter ausbauen oder sogar weitere Unternehmen gründen.«

»Ehrlich gesagt, hätte ich große Lust noch weiter zu machen und noch größer zu werden«, antwortete Florian.

»Sehr gut, dann lass uns doch mal über die weiteren Möglichkeiten sprechen«, sagte Florians Mentor mit dieser ganz besonderen Stimmlage, die Florian schon gut kannte. Jetzt würde Eduardo ihm wieder einen kleinen Teil seines großen Wissens weiter geben und er freute sich darauf, etwas Neues zu erfahren.

Eduardo holte aus einer Schublade ein Blatt Papier. Darauf zeichnete er eine Tabelle:

	Bestehende Produkte	Neue Produkte
Bestehende Märkte	Marktdurchdringung	Produktentwicklung
Neue Märkte	Marktentwicklung	Diversifikation

Dann fuhr er fort: »Das ist die Ansoff-Matrix. Sie wurde von Harry Igor Ansoff entwickelt und zeigt uns auf, in welche Richtungen ein Unternehmen wachsen kann. Die natürlichste Wachstumsrichtung für dein Unternehmen ist die Marktdurchdringung. Das bedeutet, dass du mit deinem bestehenden Angebot einfach wie bisher weiter machst und den gegenwärtigen Markt noch weiter ausschöpfst. Alles bleibt beim Alten – du machst nur mehr davon.«

»Klar, ich gewinne einfach noch mehr Kunden für den Einkaufsservice und hole mir noch mehr Helfer!« stellte Florian fest.

»Genau, du könntest hier vor Ort noch mehr Kunden gewinnen oder sogar dein Konzept noch auf die Nachbarstädte ausdehnen. Das wäre dann schon das Feld Markt-Entwicklung. Du bietest den bestehenden Einkaufsservice einem neuen geographischen Markt an. Auf diese Weise kannst du dein Unternehmen skalieren, d.h. erst duplizieren und dann multiplizieren. Du machst also genau das Gleiche wie jetzt nur einfach in anderen Städten. Das ist die logischste und vielversprechendste Vorgehensweise für deine Situation.«

»Das mache ich auf jeden Fall. Hört sich richtig cool an. Wenn ich zehn Städte aufgebaut habe und wir dort genauso viele Kunden wie hier haben, dann würde sich ja mein Einkommen verzehnfachen. Das wären dann 15.000 Euro pro Monat allein aus dem Einkaufsservice«, rechnete Florian aus.

»Wow!« Nela verschlug es die Sprache. So langsam begann sie wirklich den Unterschied zu verstehen, den es machte, ob man in oder an seinem Unternehmen arbeitete. Florian hatte ein System aufgebaut, das er jederzeit noch vergrößern konnte. Wenn er es geschickt anstellen würde, dann müsste er dafür gar nicht so viel mehr Arbeitszeit einsetzen. Er musste einfach das Konzept an verschiedenen Orten zum Einsatz bringen. In diesem Moment kam ihr wieder das Rockefeller-Zitat in den Sinn, das ihr Florian mal an einem schönen Feriennachmittag gegeben hatte: »Es ist besser eine Stunde über Geld nachzudenken als den ganzen Tag zu arbeiten.«

Eduardo durchbrach ihre Gedanken, indem er sich wieder einschaltete: »Bleiben wir nochmal bei der Marktdurchdringung. Es gibt drei Möglichkeiten, um den Markt weiter auszuschöpfen. Du könntest erstens einige weitere von den Nicht-Kunden zu deinen Kunden machen. Das kann hier vor Ort oder auch in anderen Städten geschehen – dann wäre es bereits das Feld Marktentwicklung. Zweitens könnte ein Unternehmen Kunden der Wettbewerber für sich gewinnen. Das hast Du ja auch schon getan.«

»Stimmt! Ich habe die Kunden von Thomas Ewald bekommen, nachdem dieser so unfair vorgegangen ist. Das war ein großartiger Tag. Wir haben über 30 neue Kunden an diesem einen Tag bekommen. Was ist die dritte Möglichkeit für die Marktdurchdringung aus dem ersten Feld der Ansoff Matrix?« fragte Florian.

»Die dritte Möglichkeit besteht darin, die bestehenden Kunden dazu zu bringen, dass sie deinen Einkaufsservice häufiger in Anspruch nehmen. Das würde beispielsweise bedeuten, dass sie nicht nur einmal pro Woche sondern vielleicht zwei oder dreimal pro Woche von dir einkaufen lassen.«

Florian dachte einen Moment nach: »Das macht für uns nicht so viel Sinn. Die meisten Waren sind durchaus eine Woche haltbar. Alles, was wir dann am Mittwoch einkaufen, müssten wir dann am Samstag nicht einkaufen. Die Menge bleibt im Endeffekt gleich, aber wir müssten die Tour häufiger fahren. Da sehe ich für uns kein Wachstumspotential.«

»Das mag in deinem Fall richtig sein. Bei anderen Unternehmen lässt sich die Verwendungsintensität durchaus steigern. Dann kaufen die Kunden größere Packungen, was dem Unternehmen mehr Umsatz bringt oder sie kaufen es häufiger ein, weil sie es mehrmals täglich statt nur einmal benutzen«, stimmte Eduardo zu.

»Ok, es gibt ja noch zwei weitere Felder in dieser Matrix. Was hat es damit auf sich. Wie könnte ich noch weiter wachsen?« wollte Florian wissen. Er war inzwischen richtig neugierig geworden und verstand, dass ihm dieses Modell den Weg in seine unternehmerische Zukunft wies.

»Im Feld der Produktentwicklung geht es darum, dass du deinen bestehenden Kunden neue Produkte oder Dienstleistungen anbietest«, erklärte Eduardo.

»Wie könnte ich das denn machen?« wollte Florian wissen.

»Nun, das hast du schon getan. Als du deinen Kunden notgedrungen angeboten hast, dass du ihnen auch die Getränke lieferst, hast du dafür gesorgt, dass du ihnen neben den Waren aus dem Supermarkt noch etwas anderes liefern konntest. Das war zwar für dich sehr aufwändig und du konntest es anfangs ja nur mit Hilfe von deinem Opa machen, aber immerhin, deine Kunden haben mehr gekauft als vorher und sie waren zufrieden, weil du diesen Teilbereich auch abgedeckt hast.«

»Ja, das stimmt! Inzwischen habe ich das an den Getränkelieferservice Krämer ausgelagert und bekomme eine Provision von 30 Cent pro verkauften Kasten, was im Monat ein ganz nettes Sümmchen für mich ergibt. Vielleicht sollten wir das noch weiter intensivieren, so dass noch mehr Kunden den Service von Moritz Krämer in Anspruch nehmen«, sinnierte Florian.

Nach einigem Nachdenken fügte er hinzu: »Gibt es noch andere Möglichkeiten außer den Getränken, wie wir unsere Dienstleistung bei den bestehenden Kunden ausdehnen könnten?«

»Du könntest ihnen auch noch Waren von anderen Geschäften mitbringen«, schlug Nela vor.

»Das wird sich sicher nicht rechnen«, meinte Eduardo. »Der Aufwand, um mehrere Geschäfte abzuklappern und dort für geringe Summen einzukaufen, ist einfach zu groß, wenn Florian bei seinem Preismodell mit den 10% der eingekauften Ware bleibt. Es wäre ein schöner Service für die Kunden, aber auch sehr aufwändig.«

»Was könnten wir unseren bestehenden Kunden noch anbieten?« fragte Florian in die Runde. Er wollte am liebsten in jedem Feld dieser Matrix neue Wachstumsmöglichkeiten für sein Unternehmen entdecken.

»Es muss ja nicht unbedingt ein Lieferservice sein«, ergänzte Nela. »Vielleicht kann es auch was ganz anderes sein, dass ein Teil deiner Kunden gebrauchen kann.«

»Vielleicht fragen wir einfach mal unsere Kunden, was wir noch für sie tun könnten«, dachte Florian laut.

Nach einem Moment der Stille fügte er hinzu: »Ok, wir werden das im Auge behalten. Was ist mit dem letzten Feld in der Matrix, dem Feld der Diversifikation?«

»Die Diversifikation ist die mit Abstand risikoreichste der bisher betrachteten Wachstumsstrategien. Hier geht es nicht nur darum, ein neues Produkt zu entwickeln sondern gleichzeitig auch einen neuen Markt zu erschließen. Unternehmen wählen diese Art des Wachstums meistens erst, wenn alle anderen genannten Möglichkeiten schon ausgeschlossen sind. Ich denke, wir schauen uns dieses Thema zu einem späteren Zeitpunkt etwas ausführlicher an. Vielleicht bietet sich dann ein konkreter Ansatz zur Diversifikation«, erklärte Eduardo.

Florian war damit einverstanden, da ihm schon etwas der Kopf brummte. Gleichzeitig war er hellwach und durchdachte die verschiedenen Strategien. Einerseits reizte es ihn, etwas Neues aufzubauen. Andererseits konnte er sich leicht vorstellen, sein Konzept auch auf andere Städte zu übertragen. Das war offenbar das einfachste. Er hatte ja schon ein Handbuch und er wusste, wo die Gefahren und Risiken beim Einkaufsservice lagen.

Kapitel 3: Pizza und Fußball

Nach ihrem Gespräch mit Eduardo von Landmann gingen Florian und Nela noch eine Pizza essen.

»15.000 Euro pro Monat, wenn wir das gleiche Modell wie hier in zehn Städten aufbauen. Mann, ist das krass!« platzte es aus Florian heraus, nachdem sie Platz genommen hatten.

»Das ist wirklich eine ganze Menge Geld. Ich kenne keinen einzigen Erwachsenen, der so viel Geld verdient«, antwortete Nela.

»Bis dahin ist es aber noch ein ganzes Stück Arbeit. Überleg mal, wie viele Menschen uns bis hierher geholfen haben? Da ist Herr Polster, der Leiter der Supermarktfiliale, der uns mit seinen Aushängen sehr geholfen hat, überhaupt Kunden zu finden. Auf Eduardo können wir sicher wieder zählen. Peter hat damals auch einige Kunden geworben. Stell dir mal vor, wir würden das nicht nur in zehn sondern in fünfzig Städten machen«, fing Florian zu träumen an.

»Da habe ich mir wohl den zukünftigen Groß-Unternehmer geangelt«, unterbrach Nela Florians Gedankengang. Dann schaute sie ihm tief in die Augen und legte keck und provozierend den Kopf zur Seite, während sie Florian sanft anlächelte.

Florian erwiderte ihren Blick, wurde aber gleichzeitig innerlich ganz unsicher. Nela übte immer noch diesen besonderen Zauber auf ihn aus. Sie war so selbstsicher und sie wusste immer genau, was sie wollte. Das faszinierte ihn. Lange schauten sie sich tief in die Augen. Dann kamen ihre Pizzas.

»Lass es dir schmecken, mein Held«, sagte Nela und biss in ihr Pizzastück.

»Du auch, meine Schönheit«, antwortete Florian.

Nach dem Essen machten sie sich auf zum Fußballplatz, denn an diesem Samstagnachmittag fand das erste Spiel der neuen Saison von Florians Mannschaft statt.

Anfangs hatte der Gedanke an Fußball große Enttäuschung in ihm hervorgerufen und er musste immer wieder an dieses üble Foul denken, dass ihm das Talente-Trainingslager und damit vorerst seinen Traum einer Fußballer-Karriere zerstört hatte. Andererseits, so sagte er sich, hätte er sonst vielleicht Nela niemals kennen gelernt.

Bei diesem Gedanken ergriff er ihre Hand. Das Mädchen mit den Sommersprossen reagierte sofort, indem sie ihn anblickte und lächelte. Florian wusste, dass sie sich nichts aus Fußball machte und nur ihm zuliebe mitgekommen war. Er empfand es als Geschenk, Zeit mit ihr verbringen zu dürfen.

Das Spiel begann und Florians Mannschaft ließ sich sehr in die eigene Hälfte zurückdrängen.

»Du fehlst der Mannschaft einfach«, sagte einer der Co-Trainer in der Halbzeitpause, nachdem er Florian und Nela am Spielfeldrand hatte stehen sehen. »Wann kannst du denn wieder spielen?«

»Doc Andreas Martin meint, ich solle nicht zu früh wieder einsteigen. Es wird wohl noch ein paar Monate dauern. Ich kann das Knie gerade erst wieder so richtig belasten«, antwortete Florian.

»Schade, dass du nicht beim Talente-Camp dabei sein konntest. Übrigens, der Junge, der dich gefoult hat, ist jetzt in die Jugendmannschaft von einem Profiverein aufgenommen worden«, informierte ihn der Co-Trainer.

Bei diesen Worten durchzuckte es Florian. Er merkte, wie Wut in ihm aufstieg und er dachte: »Das ist so ungerecht. Ich habe jahrelang trainiert und auf eine solche Gelegenheit gewartet. Ich habe stets fair gespielt und dieser fiese Kerl foult mich einfach und bekommt meinen Platz.«

Nela an seiner Seite fühlte sofort, was in Florian vorging. Zärtlich schmiegte sie sich an ihn. Innerhalb weniger Sekunden beruhigte sich dieser und fand seine Beherrschung wieder. Er hatte jetzt ein Unternehmen und er hatte Nela. Beides zusammen war mehr wert als die Möglichkeit ein Fußballstar zu werden.

Die zweite Halbzeit verlief recht unspektakulär und am Ende stand es immer noch 0:0. Florian und Nela verließen den Platz und machten sich auf den Weg zu Markus, ihrem Klassenkameraden und Geschäftsführer von Florians Einkaufsservice. Florian war sich nicht mehr so sicher, ob er überhaupt in Zukunft wieder in einer Fußballmannschaft spielen wollte.

Kapitel 4: Gespräch mit dem Geschäftsführer

Es war inzwischen später Samstagnachmittag als Nela und Florian bei Markus aufschlugen. Florian war mindestens einmal pro Woche hier, um mit Markus über den Geschäftsverlauf zu sprechen. Nela war bisher selten bei diesen Gesprächen dabei gewesen.

Markus Eltern begrüßten Florian sehr freundlich und respektvoll. Ihre Eltern waren 1968 als Gastarbeiter aus dem ehemaligen Jugoslawien in der Hoffnung auf ein besseres Leben nach Deutschland gekommen. Der Opa von Markus war Handwerker gewesen und hatte ein Abkommen genutzt, um hier Arbeit zu finden. Von Anfang an hatten sie fleißig gearbeitet und alles getan, um sich ein behagliches Leben aufzubauen. Zunächst hatten sie Schwierigkeiten mit der Sprache gehabt, doch mit Fleiß und Anpassungsbereitschaft hatten sie dafür gesorgt, dass ihre Kinder, Markus Eltern, in die deutsche Kultur hineinwuchsen. Jetzt in zweiter Generation in Deutschland aufgewachsen, konnte man Markus und seine jüngere Schwester Dana für deutsche Kinder halten, wenngleich man ihnen äußerlich ansah, dass sie nicht gerade typisch deutsch aussahen.

Immer wenn Florian zu Besuch kam, gaben sich die Eltern von Markus die allergrößte Mühe, um ihn zu bewirten. Einiges hatte sich in den letzten Wochen für diese Familie verändert, seit Markus von Florian die Möglichkeit bekommen hatte, Geschäftsführer zu sein und damit etwas Geld zum Unterhalt beizutragen. Geschickt hatte es Markus verstanden, die Umsätze und Gewinne des kleinen Unternehmens zu steigern und damit auch sein eigenes Einkommen für sich und seine Familie zu erhöhen. Markus war neben seinem Stundensatz mit 20% am Gewinn beteiligt. Das hatte sich in dieser Konstellation vielfach ausgezahlt, denn er hängte sich richtig rein.

Als Florian und Nela das kleine spärliche Zimmer von Markus betraten, war dieser gerade am Telefonieren. Offenbar hatte einer der Schüler, die für die Kunden die Einkäufe erledigten, ein Problem. Markus besprach mit ihm die Lage. Dann legte er auf und begrüßte Nela und Florian.

»Na, wie läuft es?« wollte Florian wissen.

»Ganz gut, alles im Griff. Fabian hat einen Platten. Ich schicke jemand anderes, um die Waren umzuladen und auszuliefern. Das kostet uns zwar einen Extra-Stunden-Satz, aber für die Kunden ist es die schnellste Lösung«, antwortete Markus.

»Ja, mach das so. Wir wollen, dass unsere Kunden keinen Grund zur Klage haben.«

»Ich weiß, Boss!« sagte Markus mit einem Grinsen im Gesicht. »Du willst immer, dass wir uns bestmöglich um die Kunden kümmern und ich setze das in deinem Sinne um.«

»Ich bin so froh, dass ich dich habe«, motivierte ihn Florian. »Du bist loyal, zuverlässig und sehr geschäftstüchtig. Wie ist denn der Stand von heute?« wollte Florian wissen.

»Wir haben heute 129 Kunden mit 13 Fahrern bedient und werden voraussichtlich Einnahmen in Höhe von 1.300 Euro haben. Unser Anteil beträgt dann 650 Euro, wenn wir die Kosten für die Fahrer und etwa 100 Euro für einige Auslieferungsfehler und sonstige Kosten berücksichtigen. Darüber würde ich gerne mit dir noch sprechen.«

»Ok, was gibt es zu besprechen?« fragte Florian.

»Also, bisher haben wir ja immer den gesamten Gewinn an alle aufgeteilt. In den letzten Wochen kam es jedoch immer mal wieder vor, dass wir unvorhergesehene Ausgaben hatten. Wir konnten den Anteil an Fehleinkäufen immer weiter reduzieren, aber ab und an gibt es halt doch noch Missverständnisse. Außerdem gehen die Anhänger manchmal kaputt oder wir haben einen platten Reifen - wie gerade heute. Ich schlage daher vor, dass wir jede Woche einen Teil des Gewinns zurücklegen, um uns gegen solche Ausgaben zu schützen.«

»Das ist eine sehr gute Idee. Wie viel sollten wir zurücklegen? 10% oder mehr?« fragte Florian.

»Ich denke 20% wären besser. Das wären dann in diesem Monat ca. 130 Euro. Gegebenenfalls könnten wir dieses Geld auch für weitere Investitionen verwenden.«

»Genau, darüber wollte ich mit dir zu einem späteren Zeitpunkt auch noch reden«, stimmte Florian ein.

»Das hört sich aufregend an. Ich kann es kaum erwarten.«

»Gut, aber für heute lass uns mal noch besprechen, was sonst so passiert ist. Ich habe gesehen, wir haben wieder einige neue Kunden dazu gewonnen. Wie kam es dazu?« wollte Florian wissen.

»Die kommen immer noch über den Aushang im Supermarkt. Der ist einfach für uns Gold wert. Wir bekommen so jede Woche zwei bis vier neue Kunden. Einige beenden natürlich auch wieder den Einkaufsservice, so dass sich Neuanmeldungen und Kündigungen knapp die Waage halten und wir manchmal ein leichtes Plus an Kunden haben.«

»Wie gehen wir denn mit den Kunden um, die sich abmelden?« hakte Florian nach.

»Die rufe ich persönlich an und frage sie nach den Gründen. Die meisten hören auf, weil sie einfach mal wieder selbst sehen wollten, was es Neues im Supermarkt gibt und wie die Angebote sind. Diesen biete ich an, dass sie nur mal aussetzen und uns jederzeit wieder beauftragen können – so wie diejenigen, die in die Ferien gehen«, erläuterte Markus.

»Klasse, dass du dich um sie kümmerst und anrufst. Gibt es manchmal auch andere Gründe?«

Markus verzog etwas die Mine: »Um ehrlich zu sein, liegt es manchmal auch an unseren Fahrern. Nicht alle sind freundlich. Manche sind etwas ungeduldig, wenn die Kunden nicht gleich aufmachen oder wenn die Kunden möchten, dass die Sachen noch in die Küche getragen werden. In der Regel sind das aber Einzelfälle.«

»Das ist natürlich bitter, wenn wir Kunden aus Mangel an Freundlichkeit unserer Fahrer verlieren. Bitte sprich mit den Fahrern, damit sie sich alle Mühe geben, unsere Kunden zufrieden zu stellen.«

»Das werde ich tun, Florian. Wie du weißt, gebe ich hier mein Bestes im Interesse des Unternehmens.«

Das wusste Florian natürlich. Mit Markus hatte er ein glückliches Händchen gehabt. Sein Einsatz war weit überdurchschnittlich und er ließ nichts anbrennen. So besprachen sie mindestens einmal pro Woche alle Anliegen. Es war ein lockeres Gespräch unter zwei Freunden. Meistens hatte einer von beiden immer eine gute Lösung, die das Arbeiten in der Zukunft noch einfacher machte. Falls das mal nicht der Fall war, dann gab Florian die Frage an Eduardo weiter und dann hatten sie noch eine dritte Perspektive. Während der Gespräche schaute ab und an Markus Mutter herein und bot ein Stück Kuchen an, den sie extra für Florian gebacken hatte. Sie wusste längst, dass Florian Schneewittchenkuchen über alles liebte. An diesem Tag verabschiedeten sich Florian und Nela nach etwa neunzig Minuten von Markus.

Als sie wieder draußen auf der Straße standen, beschlossen sie noch gemeinsam ins Kino zu gehen und so diesen Tag ausklingen zu lassen.

Kapitel 5: Der Waldspaziergang

Am nächsten Tag machten Florian und Nela einen langen Waldspaziergang. Das taten sie sonntags des Öfteren. Dabei redeten sie über dies und das und manchmal auch über das Unternehmen.

An diesem Sonntag sprachen sie über das Gespräch mit Eduardo und darüber, wie die weiteren Schritte auf dem Weg zum Wachstum aussehen könnten.

»Wir müssen uns einen Plan machen, wo die nächsten Supermärkte sind«, schlug Florian vor.

»Ja genau, die nächsten, die ich kenne sind in Wasserhausen und Rumpeldorf. Viele der kleineren Dörfer haben gar keinen eigenen Supermarkt. Die Einwohner fahren dann in diese Städte. Das sind zwar nur drei bis fünf Kilometer Entfernung, aber mit dem Fahrrad braucht das schon ein paar Minuten länger bis dahin«, fügte Nela hinzu.

»Das bedeutet aber auch, dass dann der Nutzen für den Kunden noch größer ist. Vielleicht können wir sogar einen höheren Preis verlangen«, dachte Florian laut.

»Naja, das glaube ich nicht. Die 10% auf die Einkaufssumme sind für viele schon hoch. Aber es geht noch. Es ist einfach eine glatte Zahl«, ergänzte Nela den Gedanken.

Florian fuhr fort: »Gut, also Wasserhausen. Wie gehen wir da jetzt konkret vor? Sollen wir uns vor den Supermarkt stellen, so wie hier am Anfang oder sollen wir gleich mit dem Leiter des Supermarktes reden. Vielleicht hilft er uns ja und findet die Idee gut.«

»Möglicherweise sollten wir dazu mal Eduardo und Herrn Polster fragen. Die können uns bestimmt weiter helfen«, schlug Nela vor.

»Das ist eine gute Idee! Aber ist der Supermarkt von Herrn Polster nicht sogar in direktem Wettbewerb zu dem Supermarkt von Wasserhausen?« fragte sich Florian laut.

»Nein, das glaube ich nicht wirklich. Aber lass es uns doch herausfinden und Herrn Polster fragen. Der war doch bisher sehr nett und kooperativ«, antwortete Nela.

»Mal angenommen, wir bekommen die Unterstützung. dann brauchen wir im Grunde wieder die gleichen Sachen, die wir auch schon bei unserem Prototyp hier vor Ort gebraucht haben. Das sind zehn neue Helfer mit Fahrrädern und natürlich Fahrradanhänger. Weißt du noch, wie wir mit meinem Opa auf dem Flohmarkt die Fahrradanhänger gekauft haben und ich mir von ihm das Geld leihen musste?«

»Klar weiß ich das noch. Es war ja schließlich meine Idee!« sagte Nela stolz.

»Wie kommen wir diesmal an neue Helfer? Über Peter kamen damals ja keine. Wir haben alle Helfer über unsere Schulklasse zusammenbekommen«, nahm Florian das Gespräch wieder auf.

»Stimmt. Wir brauchen jetzt ein neues System, wie wir weitere Helfer vor Ort gewinnen können. Was hältst du davon, wenn wir uns in Wasserhausen einfach mal umsehen. Vielleicht fällt uns dann was dazu ein«, sagte Nela.

»Gut, dann planen wir das für nächste Woche ein. Ich werde außerdem mal mit Herrn Polster und Eduardo über das weitere Vorgehen reden«, schloss Florian dieses Thema ab.

Sie schlenderten weiter durch den Wald und alberten noch ein wenig herum. Auf einer großen Lichtung blieben sie stehen und küssten sich.

»Du Florian, habe ich dir eigentlich schon gesagt, dass du ganz toll küssen kannst?«

»So, wirklich, findest du?« stammelte Florian.

»Ja, finde ich.«

Eine halbe Stunde später machten sie sich wieder auf den Heimweg zum Haus von Florians Eltern. Diese waren ausgegangen und so hatten die beiden Teenager sturmfreie

Bude. Sie legten sich coole Musik auf, tanzten durch das Wohnzimmer und fielen sich schließlich erschöpft in die Arme, ehe sie zum Kuscheln auf die Couch gingen.

Kapitel 6: Die Planung wird konkret

Am Montagmittag nach der Schule rief Florian zunächst Eduardo an und erzählte ihm von dem Plan, mit dem Supermarkt in Wasserhausen den nächsten Versuch zu wagen. Eduardo freute sich über Florians wiedergewonnenen Tatendrang.

»Wahrscheinlich ist es ganz egal, mit welchem Supermarkt du anfängst. Es gilt jetzt für dich herauszufinden, welches die beste und einfachste Strategie ist, dort neue Kunden und neue Mitarbeiter zu gewinnen«, sagte Eduardo.

»Welches ist denn die beste Strategie?« wollte Florian wissen.

»Das musst du durch Versuch und Irrtum herausfinden. Natürlich kannst du deine Lernerfahrungen von hier, deinem ersten Standort, nutzen. Am Anfang hast du fünf Kunden gesucht. Da reichte es, in der Nachbarschaft etwas herum zu fragen. Den großen Durchbruch gab es dann über die Kooperation mit dem Supermarkt und das Einschalten von Peter als Kontakter. Du könntest erst einmal direkt auf dein Ziel zugehen und den einfachsten Weg probieren«, schlug Eduardo vor.

»Der einfachste Weg wäre, wenn der Leiter des Supermarktes uns so unterstützt wie Herr Polster. Das wäre wirklich cool!« entfuhr es Florian.

»Gut, dann frage doch Herrn Polster, ob er dir ein Empfehlungsschreiben ausstellt oder sogar den Kontakt herstellen kann.«

»Ja, das werde ich tun. Ich rufe ihn gleich nach unserem Gespräch an«, antwortete Florian.

»Wie wirst du an die neuen Fahrradanhänger heran kommen? Willst du die wieder auf dem Flohmarkt kaufen oder über das Internet bestellen?« fragte Eduardo seinen Schützling.

»Auf dem Flohmarkt wird es billiger sein«, antwortete Florian.

»Das stimmt, aber du musst Zeit dafür einsetzen. Deine Zeit als Unternehmer ist sehr wertvoll. Du könntest in der gleichen Zeit einen schönen Tag mit Nela verbringen oder deine Geschäfte anderweitig voran bringen«, bemerkte der Mentor.

»Hmmm, das bedeutet, ich sollte die Anhänger besser im Internet bestellen. Aber dann müssten sie zusammengebaut werden. Das kann ja mein Vater machen«, sagte Florian.

Eduardo lachte laut auf: »Und du meinst, dass die Zeit von deinem Vater nicht auch kostbar ist?«

»Stimmt. Aber wer kann es dann machen? Gibt es überhaupt jemanden, an den ich die Aufgabe delegieren kann?« überlegte Florian.

»Du brauchst jemanden, der das gerne macht und gut kann. Wen kennst du, der handwerkliches Geschick hat und sich etwas dazu verdienen möchte? Schließlich kannst du ihn ja auch dafür bezahlen, dass er das macht«, schlug Eduardo vor.

»Eigentlich ist es immer wieder das Gleiche. Anstatt dass ich es selbst mache, muss ich jemanden finden, der es zuverlässig macht«, fasste Florian zusammen.

»Oder du findest einen Anhänger, der gleich komplett geliefert wird. Damals, als du angefangen hast, wolltest du es möglichst günstig haben. Jetzt sieht es vielleicht etwas anders aus. Auch wenn ein zusammengebauter Anhänger etwas mehr kostet, vereinfacht es doch deinen Prozess ganz erheblich. Wenn du viele Anhänger auf einmal bestellst, bekommst du vielleicht sogar einen Mengenrabatt.«

»Oh ja, das klingt gut. Lieber setze ich einen Teil von meinem Geld ein, bevor ich mir darüber wieder Gedanken machen muss. Also gut, ich bestelle einfach weitere Anhän-

ger, dann sind sie da, wenn sie gebraucht werden«, antwortete Florian.

»Langsam wirst du immer professioneller. Was brauchst du
noch, damit du weiter wachsen kannst?« hakte Eduardo
noch einmal nach.

»Ich brauche noch weitere Mitarbeiter aus Wasserhausen,
damit sie die Einkäufe erledigen können.«

»Genau. Wie willst du die bekommen?«

»Das weiß ich noch nicht. Nela und ich wollen uns die
nächsten Tage mal vor Ort umsehen. Vielleicht kommt uns
da eine Idee.«

»Na dann viel Glück, junger Unternehmer!« und mit diesen
Worten beendete Eduardo das Gespräch.

Kaum zu Hause wählte Florian gleich die Nummer von
Herrn Polster, doch er konnte ihn nicht erreichen. Offenbar
war dieser gerade beschäftigt.

Eine Stunde später probierte er es erneut und hatte den
Leiter des örtlichen Supermarkts in der Leitung. Er schilderte ihm seinen Plan, den Einkaufsservice auch in Wasserhausen anzubieten. Einmal mehr war Herr Polster beeindruckt
von der Geschäftstüchtigkeit von Florian. Er hielt dies für
eine gute Idee und erklärte sich bereit, nicht nur ein kurzes
Empfehlungsschreiben aufzusetzen sondern sogar mal mit
dem Kollegen persönlich zu telefonieren. Besser konnte es
für Florian gar nicht laufen. Offenbar hatte er durch seine
Zuverlässigkeit einen echten Helfer in Herrn Polster gefunden. Dieser versprach, sich spätestens im Verlauf des nächsten Tages zu melden und von seinem Gespräch mit dem
Kollegen in Wasserhausen zu berichten.

An diesem Nachmittag durchstöberte Florian erneut das
Internet auf der Suche nach einem geeigneten Fahrradanhänger. Diesmal war sein Fokus nicht nur darauf, möglichst günstig einzukaufen, sondern vor allem darauf, dass er

nachher wenig Arbeit damit haben würde. Er fand einige Anbieter und telefonierte ein wenig mit ihnen. Geschickt ließ er im Gespräch fallen, dass er in den nächsten Monaten ca. 100 Fahrradanhänger benötigen würde. So wurde er als Kunde ernst genommen und man versprach, ihm Angebote direkt per Mail zuzusenden.

Nach dem letzten Gespräch legte Florian zufrieden auf. Für heute hatte er genug getan. Am Abend las er noch ein wenig in einem Buch, welches ihm Eduardo vor einiger Zeit empfohlen hatte. Es war der Klassiker des amerikanischen Unternehmensberaters Michael E. Gerber. Der Titel des Buches war: »The E-Myth revisited. Warum die meisten kleinen Unternehmen nicht funktionieren und was sie dagegen tun können.«

In dem Buch war anhand von tollen Geschichten genau das beschrieben, was Eduardo ihm auch beibrachte. Florian konnte es ganz leicht nachvollziehen und hatte das Gefühl, dass er schon ganz viel vom Unternehmersein verstanden hatte.

Kapitel 7: Nelas Traum

Am gleichen Tag besuchte Nela eine Freundin. Am Nachmittag schlenderte sie durch die Altstadt auf dem Weg nach Hause. Als sie um eine Ecke bog, sah sie Thomas Ewald. Ein kleiner Schreck fuhr ihr durch die Glieder. Thomas Ewald war zwei Jahre älter und hatte vor einigen Wochen versucht, Florian die Kunden wegzunehmen und selbst das Geschäft an sich zu reißen. Schnell huschte sie in eine Gasse, um ihm nicht zu begegnen.

Wie jeden Abend dachte Nela vor dem Einschlafen an ihren Florian. Er war ein toller Junge und sie war mit ihm zusammen. Das war der Hammer! Er war zwar sehr schüchtern und unerfahren, aber gerade deswegen manchmal total süß. Immer mal wieder schrieb er ihr kurze Nachrichten und vermittelte ihr das Gefühl, dass er sie wirklich liebte.

In dieser Nacht träumte Nela, wie sie mit Florian auf einer Reise war. Sie waren irgendwo in einem fernen Land mit einem Boot unterwegs – ganz alleine ohne Erwachsene. Sie lachten und machten Späße miteinander. Die Sonne schien und sie schauten sich verliebt in die Augen.

Auf einmal zogen düstere Wolken herauf. Der Himmel verdunkelte sich und es fing an zu regnen. Das Wasser geriet in Unruhe und erhob sich zu immer größeren Wellen. Verzweifelt kämpften Nela und Florian gegen die Wellen an. Wasser begann in das Boot zu fließen.

Schließlich fegte eine Welle über das Boot hinweg und riss Florian in die Fluten. Nela sah ihn im Wasser. Er wollte wieder zum Boot zurückschwimmen, da erfasste ihn ein Strudel, der ihn nach unten zog. Nela war verzweifelt. Sie musste mitansehen, wie ihr Geliebter in der Tiefe verschwand. Dann beruhigte sich das Wasser wieder. Der Regen hörte auf und die Sonne kam wieder zum Vorschein. Alleine saß sie in dem Boot und weinte.

Plötzlich tauchte in ihrem Traum das Bild von Thomas Ewald auf, der sich vor Schadenfreude kaum halten konnte und einfach nur lachte. Nela war traurig und verzweifelt. Ihr Florian war weg und sie war ganz allein.

Als Nela aufwachte, war sie schweißgebadet. Sie überlegte, ob sie Florian von dem Traum erzählen sollte, entschied sich dann aber es nicht zu tun.

Kapitel 8: Wasserhausen

Am nächsten Tag meldete sich Herr Polster mit der positiven Nachricht, dass der Leiter des Supermarktes in Wasserhausen, Herr Maus, die Idee sehr toll fand und bereit war, Florian zu unterstützen. Dieser solle einfach mal in den nächsten Tagen während der Öffnungszeiten vorbei schauen und mit ihm ein Gespräch führen.

Florian machte einen inneren Luftsprung. Das ging echt gut. Er war froh und dankbar so viel Unterstützung von seinen erwachsenen Freunden zu bekommen. Schnell rief er Nela an, um sich mit ihr zu einem Ausflug nach Wasserhausen zu verabreden.

Am Mittwoch fuhren sie mit dem Bus dorthin. Florians Verletzung machte zwar langsam Fortschritte, so dass er seit kurzem wieder ohne Gehhilfe laufen konnte, aber er hütete sich vor allzu großer Belastung. In den Sommerferien hatte er sich intensiv um die Behandlung gekümmert und dank seiner Disziplin schnelle Heilungserfolge gehabt. Dennoch würde es noch Monate dauern, ehe er wieder so belastungsintensive Sportarten wie Fußball ausüben konnte.

In Wasserhausen besuchten sie zunächst den örtlichen Supermarkt und sprachen mit Herrn Maus. Dieser ließ sich Florians Vorgehen ganz genau erklären und war dann damit einverstanden, den Lieferservice auch in seinem Geschäft anzubieten. Florian brachte ihm eine Kopie des Aushanges mit, den Herr Polster damals angefertigt hatte und der so viele Kunden veranlasst hatte, bei Florian anzurufen. Er überlegte kurz, welche Nummer er auf den Aushang schreiben sollte, entschied sich aber dann in Ermangelung eines Geschäftsführers für Wasserhausen, seine eigene Nummer anzugeben. Die Alternative wäre die Nummer von Markus gewesen, doch er wollte die beiden Standorte zunächst trennen.

Nach dem Gespräch bummelten Nela und Florian durch den Ort. Natürlich waren sie schon das eine oder andere Mal hier gewesen, aber mit dem Hintergrund, dass sie hier ihre »erste Filiale« eröffnen würden, war es schon etwas Besonderes. Sie schlenderten umher und schauten sich um.

Als sie an der Schule vorbei kamen, wo gerade der Nachmittagsunterricht endete und die Schüler aus dem Eingang strömten, kam Florian eine Idee.

»Können wir nicht einfach hier die Schüler abfangen und fragen, wer Lust hat, sich etwas dazu zu verdienen?« fragte er Nela.

»Klar, warum denn nicht«, antwortete sie.

Ehe sich Florian versah, trat sie vor und sprach die ersten Schüler an, ob sie sich etwas dazu verdienen wollten. Einige schauten sie ganz verdutzt an und gingen weiter. Plötzlich blieb ein Junge stehen. Er macht einen sympathischen Eindruck.

»Worum geht es denn?« fragte er.

Nela erklärte es ihm und er schien sehr interessiert. Als er so da stand und sich mit der hübschen Nela unterhielt, blieben weitere Jugendliche stehen und wollten wissen, worum es ging. Nach kurzer Zeit waren sie von einer Traube von Schülern umringt, die alle wissen wollten, wie sie sich etwas dazu verdienen konnten.

Einige gingen weiter, aber die meisten von denen, die stehen geblieben waren, fanden das Jobangebot gar nicht schlecht. Nela notierte ihre Namen und Telefonnummern. Einigen gab Florian auch seine Nummer, falls sie noch Fragen hatten.

»Wir werden uns bei euch melden«, sagte Nela als sie die Nummern aufgeschrieben hatte. Dann waren alle weg.

Florian schaute Nela an: »Na das ging aber schnell. Wie viele Namen hast du denn auf der Liste?«

»Es sind acht Namen. Damit kommen wir schon ziemlich weit«, antwortete sie.

»Wow! Das war krass. Nie hätte ich gedacht, dass wir innerhalb einer Stunde so weit kommen würden. Manchmal braucht es offenbar einfach nur die richtige Strategie.«

Bei diesen Worten klatschten sie sich ab. Das taten sie manchmal, wenn ihnen etwas besonders gut geglückt war. Anschließend gingen sie noch ein Eis essen und dann fuhren sie zurück.

Im Bus plauderten sie noch über das Erlebte.

»Wir sind ein verdammt gutes Team«, meinte Florian. »Ich hatte die Idee und du hast sie gleich umgesetzt.«

»Manchmal kommen die Ideen auch von mir«, gab Nela zu bedenken.

»Ja, du hast ja Recht. Du bist einfach toll«, schmeichelte er ihr.

Kapitel 9: Wie ein Neuanfang

Der Junge, der in Wasserhausen als erster stehen geblieben war, hieß Roland. Er meldete sich noch am Abend telefonisch: »Hallo, hier ist Roland, ich rufe an wegen dem Einkaufsjob. Ich wollte mal fragen, wann es losgeht.«

Florian musste ihm erst einmal erklären, dass sie noch gar nicht gestartet waren, aber dass es bald losgehen könnte, wenn die ersten Kunden auf den Supermarktaushang reagieren würden.

»Hast du denn ein Fahrrad?« fragte er Roland.

»Klar, aber keinen Anhänger, der ja wohl gebraucht wird«, antwortete Roland.

»Den bekommst du von uns«, klärte ihn Florian auf.

In jedem Fall schien Roland sehr engagiert. Sie unterhielten sich noch eine Weile und Florian kam zu dem Schluss, dass Roland als Einkäufer durchaus in Frage kam.

Am Mittwoch kamen die ersten Anfragen von Kunden, die gerne den Einkaufsservice in Anspruch nehmen wollten. Offenbar hatte Herr Maus jetzt die Information am schwarzen Brett im Supermarkt ausgehängt.

Seit Florian Markus mit der Rolle des Geschäftsführers betraut hatte, war es für ihn etwas ruhiger geworden. Markus nahm die Anrufe von Neu- und Altkunden sowie Einkäufern entgegen. Nun mit dem Neustart in Wasserhausen erhielt Florian wieder die Anrufe selbst. Es war wie ein Zeitsprung in die Vergangenheit, als er noch ganz allein gewesen war, die ersten Kunden gewonnen und sich um alles selbst gekümmert hatte. Er hatte ganz vergessen, wie viel Zeit solche Gespräche kosteten. Doch jetzt merkte er es. In dieser Woche hatte er kaum Zeit für Nela. Das musste und wollte er dringend ändern.

Am Donnerstag überlegte er sich, ob er Markus bitten sollte, die Anrufe entgegenzunehmen. Der hatte vielleicht noch Zeit und konnte Geld gebrauchen. Er verwarf diesen Gedanken jedoch und stellte sich vor, dass er bald für Wasserhausen einen eigenen Geschäftsführer haben würde, der sich um alle Belange dort kümmerte. Und dann kam ihm eine Idee. Markus konnte den neuen Geschäftsführer ja einlernen. Er nahm sich vor, bald mit Markus darüber zu reden.

Dann waren auch die Angebote für die Fahrradanhänger da. Florian studierte sie genau, vertagte aber eine Entscheidung auf den nächsten Tag. Er wollte noch einmal darüber schlafen.

Der Start in Wasserhausen war für den übernächsten Samstag geplant. Er rief die Jungen an, die Nela vor der Schule auf einen Job hin angesprochen hatte. Ungefähr die Hälfte von ihnen war bereit, den Job auszuprobieren. Da hatte sich Florian mehr erhofft. Nun, vielleicht waren sie enttäuscht, dass das hübsche Mädchen sie nicht angerufen hatte, sondern er stattdessen. Immerhin hatte er jetzt vier Einkäufer. Das bedeutete, dass er bei zwei Fahrten für je fünf Kunden etwa 40 Kunden in Wasserhausen bedienen konnte. Die mussten erst einmal kommen.

Am nächsten Tag orderte er zehn Fahrradanhänger. Es war eine große Investition für ihn. Die Geschäfte waren gut gelaufen. In den sechs Wochen Sommerferien hatte der Einkaufsservice rund 2.000 Euro eingespielt. Dazu kamen etwa 400 Euro an Provisionen aus dem Getränkeverkauf, den er an den Getränkehandel Krämer vergeben hatte und nach wie vor 30 Cent pro Kiste Provision bekam.

Die Anhänger jetzt kosteten ca. 800 Euro. Es war eine erneute Investition, doch die Entscheidung fiel Florian leichter als bei seiner ersten Anschaffung. Inzwischen wusste er, dass es funktionieren würde. Er glaubte an seinen Erfolg.

In sein Unternehmerhandbuch notierte er sich die Strategien, um an Schüler heran zu kommen, die die Fahrten zum

Supermarkt erledigen konnten. Sein Konzept nahm langsam Formen an. So würden sie in jeder neuen Stadt vorgehen können. Die Kooperation mit dem Supermarkt würde für neue Kunden sorgen, die Fahrradanhänger konnten sie einfach bestellen und die neuen Fahrer konnten sie vor der Schule abpassen und ihnen einen lukrativen kleinen Job in Aussicht stellen. Der Plan war rund. Natürlich würde es in der Praxis unvorhergesehene Abweichungen geben, da machte sich Florian nichts vor. Das war normal. Sonst wäre es viel zu einfach. Doch er fühlte in sich eine große Entschlossenheit, sein Ding durchzuziehen. Mit Nela an seiner Seite konnte er die ganze Welt aus den Angeln heben, wenn es denn sein musste.

Bis zum Donnerstagabend gab es schon über 20 Kunden am neuen Standort, die den Einkaufsservice in Anspruch nehmen wollten. Florian wusste, dass es in den nächsten Tagen noch deutlich mehr werden konnten. Daher beschloss er, noch einmal hinzufahren.

Am Freitag hatte er nur vier Stunden in der Schule. Spontan nutze er die Gelegenheit und fuhr zum zweiten Mal zu der Schule in Wasserhausen. Er wollte herausfinden, ob es ihm auch ohne Nela gelingen würde, neue Einkäufer zu finden.

Als er so alleine vor der Schule herumstand, kam er sich auf einmal etwas blöd vor. Was sollte er denn sagen? Wie sollte er die Schüler ansprechen? Im Grunde war er doch viel zu schüchtern für so etwas. Da erinnerte er sich an seinen ersten Promotion-Job, den er zusammen mit Peter damals im Baumarkt durchgezogen hatte. Herr Brandmeier, der Leiter der PR-Agentur und Peter hatten ihm vieles gezeigt, was ihm jetzt von Nutzen sein konnte. Er legte sich ein paar gute Sätze zurecht und machte sich bewusst, wie erfolgreich er damals gewesen war. Außerdem ging es ja jetzt um sein eigenes Unternehmen und ein Konzept, hinter dem er voll stehen konnte.

Dann kamen die Schüler auch schon durch die großen Vordertüren. Es war Freitag und die meisten freuten sich auf das Wochenende. Florian trat mutig auf einzelne zu und fragte: »Hast du Lust, dir etwas dazu zu verdienen?«

Endlich blieb einer stehen und fragte: »Wie viel denn?«

»Es geht um etwa 50 Euro für fünf Stunden Arbeit an jedem Samstag«, antwortete Florian.

»Na, das ist gar nicht so schlecht. Was muss ich denn dafür machen?« wollte der Junge wissen.

Und dann erklärte ihm Florian sein Geschäftsmodell und bat den Jungen, um seine Telefonnummer, weil er erkannte, dass er hier vor der Schule nicht jedem einzelnen alles erklären konnte, wenn er noch einige mehr erwischen wollte.

Drei weitere waren interessiert und er schrieb ihre Nummern auf. Dann stand plötzlich ein hübsches blondes Mädchen mit einer attraktiven Figur vor ihm. Sie war schon richtig frauenhaft geschminkt und sah einfach nur sexy aus.

»Nimmst du auch Mädchen?« fragte sie keck.

Florian dachte an Nela und wie er sie anfangs unterschätzt hatte. Aber dieses Mädchen hier war aufgetakelt und trug lackierte Fingernägel. Sie war ganz anders als Nela. Florian konnte sich nur schwer vorstellen, wie sie voll beladen mit ihrem Fahrrad durch die Stadt fuhr, um für andere die Einkäufe zu erledigen.

»Ich bin Pam!« sagte die Blondine und hielt ihm die Hand hin. Florian schüttelte sie und war von Pam bezaubert.

»Ich kenne hier fast jeden in dieser Schule und dem kleinen Nest«, übernahm Pam die Gesprächsführung, da Florian offenbar kein Wort herausbrachte.

Nach ein paar Momenten fand Florian dann doch wieder zu seiner Sprache zurück: »Hallo Pam, schön dich kennen zu lernen. Weißt du denn schon, was ich hier mache?«

»Nun, du wirst es mir sicher gleich erzählen. Lädst du mich auf ein Eis ein? Hier ist eine Eisdiele um die Ecke!«

»Mann, ist die dreist«, dachte sich Florian, aber er nickte nur zustimmend und folgte ihr bis zu der Eisdiele. Dort angekommen, erzählte Florian von seinem Unternehmen.

Pam hörte aufmerksam zu, dann sagte sie: »Ich kann hier in Wasserhausen die Geschäftsführung für dich übernehmen. Fahrradfahren ist nicht so mein Ding, aber ich kann alle Jungs um den kleinen Finger wickeln. Du wirst hier so viele Mitarbeiter haben, wie du brauchst.«

Florian war sprachlos. Er konnte sich gut vorstellen, dass Pam schon alleine aufgrund ihrer Attraktivität und offenen Art andere Menschen leicht begeistern konnte. Sie wäre sicher ein großer Gewinn für Wasserhausen und vielleicht konnte er sie auch noch an weiteren Standorten einsetzen, um neue Mitarbeiter zu gewinnen.

Die beiden tauschten Telefonnummern aus und verabschiedeten sich voneinander. Pam bestand darauf, Florian links und rechts ein Küsschen zu geben, dann machte er sich auf den Weg zur Bushaltestelle und fuhr nach Hause.

Kapitel 10: Ein neuer Auftrag für Markus

Am Samstagmittag besuchte Florian Markus, um direkt aus dessen Zimmer heraus das Ende ihres Geschäftstages zu erleben. Markus war präsent, beantwortete alle Fragen der Einkäufer und Kunden am Telefon.

»Wie läuft es?« wollte Florian in einer ruhigen Minute wissen.

»Soweit alles ganz gut. Wir haben in der letzten Woche wieder drei neue Kunden dazu gewonnen. Wie besprochen, habe ich angefangen, kleine Rücklagen zu bilden. Natürlich gab es auch heute hier und da ein paar Störungen. Im Supermarkt war die Ziegenmilch ausverkauft und einige unserer Kunden wollten das nicht glauben und haben sich beschwert. Außerdem gab es gleich zwei platte Reifen. Vielleicht sollten wir mal einen Kurs im Reifenflicken machen und alle Fahrer mit Flickzeug ausstatten«, ergänzte Markus.

Es ging noch eine ganze Weile in diesem Stil weiter und Florian war froh, dass er sich nicht mehr um die Details des Geschäfts kümmern musste. Das sollte ruhig Markus machen.

Dann kam er auf sein Anliegen zu sprechen: »Ich werde einen zweiten Standort in Wasserhausen eröffnen. Mit dem Inhaber des Supermarktes habe ich schon geredet und wir haben mit den Anmeldungen von gestern bereits dreißig Kunden, für die wir einkaufen dürfen. Einige Jungs zum Einkaufen habe ich auch schon auf meiner Liste.«

»Wow! Na, das ging ja flott. Ich habe mich schon gefragt, wann du wieder unternehmerisch aktiv wirst«, antwortete Markus.

»Ich habe ein nettes Mädel in Wasserhausen kennen gelernt, die gerne dort die Leitung übernehmen möchte. Kannst du sie nächste Woche einarbeiten? Keiner kennt dieses Geschäft so gut wie du. Am kommenden Samstag soll es nämlich dort losgehen«, sagte Florian.

»Ok, mache ich gerne. Wie werde ich dafür bezahlt?« wollte Markus wissen.

»Ich weiß nicht, hast du einen Vorschlag? Du bist ja dann sozusagen als Führungskraft unterwegs und nicht als normale Fachkraft«, sagte Florian.

»Genau. Ich finde 15 Euro pro Stunde angemessen dafür und die Spesen wie die Busfahrt sollten natürlich auch drin sein«, verhandelte Markus.

Florian war damit einverstanden. Markus wir wirklich eine treue Seele und seine Forderung keineswegs unverschämt. Er war eine unersetzbare Kraft in diesem Unternehmen.

»Zusätzlich zu deinem Stundensatz bekommst du auch noch 10% meiner Gewinne in Wasserhausen. Dafür möchte ich aber, dass du weiterhin alles in unser Handbuch notierst. Alle Probleme, die auftreten und die Wege, wie wir sie angegangen sind und gelöst haben. Wenn du Pam, so heißt sie, einlernst, dann notiere auch bitte alles, was es bei diesem Prozess zu beachten gilt – okay?« betonte Florian.

»Gerne, Boss. Ich habe schon verstanden, wie du das Unternehmen führst. Ich werde es genauso machen. Du kannst dich auf mich verlassen.«

»Gut, am besten machst du es so wie ich. Erinnerst du dich noch: Ich war am Anfang ganz oft bei dir. Wir sind alle Fragen durchgegangen, haben alles geklärt. Es ist wirklich wichtig, dass wir auch bei dem neuen Standort unsere Kunden freundlich behandeln, die Routen gut durchorganisieren. Pam soll das alles von dir lernen«, wiederholte Florian noch einmal.

»Wird erledigt!«

»Und ich bin gespannt, was du sagst, wenn du sie triffst«, sagte Florian mit einem Lächeln auf den Lippen.

Als Florian gegangen war, war Markus zunächst ein klein wenig enttäuscht, denn er hätte gerne auch noch die Leitung für den Standort Wasserhausen übernommen, doch er vertraute auf Florian und seine Urteilskraft.

Kapitel 11: Die Unternehmeraufgaben

Am Sonntag besuchte Florian wieder seinen Mentor Eduardo und erzählte ihm, was inzwischen vorgefallen war. Eduardo war voll des Lobes für Florian, dass er so schnell aktiv geworden war.

Schließlich fasste er die Entwicklung von Florians Unternehmen zusammen: »Es ist eine super Idee, dass du Markus die Einarbeitung von Pam übertragen hast. Vielleicht wird das in Zukunft auch seine Hauptaufgabe sein ... die Leiter neuer Standorte einzuarbeiten und darauf zu achten, dass dort jeweils fähige Einkäufer ausgewählt werden. Du hast jetzt eine neue Ebene erreicht. Vor den Ferien hast du alles über die Probleme beim Einkaufsservice herausgefunden und es dann in deinem Handbuch festgehalten und an Markus übermittelt. Du hast die Aufgaben einer Fachkraft gemacht und sie dann an andere Fachkräfte übergeben. Dadurch wurde deine Arbeitskraft wieder frei und du konntest Management-Aufgaben übernehmen. Als dein Unternehmen größer geworden ist, hast du einen Manager eingestellt und selbst Unternehmeraufgaben gemacht. Du erinnerst dich doch noch an das Modell Fachkraft-Manager-Unternehmer?«

»Ja, natürlich. Das habe ich immer wieder im Hinterkopf. Was war ich denn als ich nach Wasserhausen gefahren bin und mich vor die Schule gestellt habe?« wollte Florian wissen.

»Das ist zwar scheinbar eine Fachkraftaufgabe, aber du hast einen neuen Weg ausprobiert. Daher ist es durchaus eine Unternehmeraufgabe. Du selbst findest heraus, wie es geht und gibst das dann an deine Mitarbeiter weiter. In Zukunft wird es die Aufgabe von Pam sein, für Wasserhausen neue Mitarbeiter zu finden und die Aufgabe von

Markus, sie dabei zu unterstützen und einzulernen«, erläuterte Eduardo.

»Was ist jetzt meine nächste Aufgabe als Unternehmer?« wollte Florian weiter wissen.

»Deine Aufgabe ist es jetzt für den weiteren Ausbau des Unternehmens zu sorgen und dein Unternehmersystem um eine neue Ebene zu erweitern. Jetzt geht es nicht mehr um die Feinheiten des Einkaufsservice, sondern darum, wie man neue Standorte möglichst schnell und einfach erschließt. Das ist genau wie bei den Fast-Food-Ketten. Als erstes machen sie gute Hamburger und dann sorgen sie dafür, dass es viele Filialen gibt und sie sich schnell verbreiten können. In jeder Filiale wird dann das gleiche Rezept für Hamburger verwendet«, führte Eduardo aus und ergänzte nach einer Pause: »Im Grunde ist es dann gar nicht mehr deine Aufgabe, Mitarbeiter vor Ort zu finden, sondern ein System aufzubauen, mit dem andere, wie z.B. Markus das für dich erledigen können, so dass du wieder Freiräume hast, deinen Unternehmeraufgaben nachzukommen.«

»Ok, es ist meine Aufgabe ein System zu bauen und am statt im Unternehmen zu arbeiten. Das hast du mir schon hundertmal gesagt. Was gibt es denn noch für Unternehmeraufgaben?« wollte Florian wissen.

Eduardo schaute Florian prüfend an, als wollte er sehen, ob Florian für die Antwort schon bereit wäre. Dann startete er: »Die wichtigsten Unternehmeraufgaben sind: 1. Für Vision und Ziele sorgen, 2. Ein System bauen, 3. Menschen führen, 4. Die Strategie festlegen und 5. Sich selbst persönlich weiter zu entwickeln. Möchtest du über einen der Punkte noch mehr wissen?«

»Ich verstehe nicht, wieso Punkt fünf Persönlichkeitsentwicklung eine Unternehmeraufgabe sein soll. Was hat mein Unternehmen denn davon, dass ich mich persönlich weiterentwickle und was soll das überhaupt sein?« wollte Florian wissen.

Eduardo grinste. Das hörte er nicht zum ersten Mal. Die meisten Jungunternehmer, denen er in seinem langen Leben begegnet war, interessierten sich vor allem dafür, die besten Strategien kennen zu lernen, mit denen sich schnell viel Geld machen ließ. Nur wenige erkannten den Zusammenhang zwischen Persönlichkeit und Unternehmenserfolg. Nun, das würde er seinem Schützling schon erklären. Florian war ein so aufgeschlossener Junge, dass er es sicher begreifen würde.

Es folgte ein längerer Monolog, in dem Eduardo über die Bedeutung von Persönlichkeitsentwicklung sprach. Er endete schließlich mit den zusammenfassenden Worten: »Du als Unternehmer gibst dem Unternehmen eine Identität durch deine Persönlichkeit. Die Art und Weise, wie du mit dir selbst und anderen umgehst, prägt das Unternehmen. Deine Charaktereigenschaften beeinflussen, welche Mitarbeiter du anziehst, wer mit dir kooperiert und wie du mit Krisen umgehst.

Als Unternehmer wirst du immer wieder auch Enttäuschungen und Niederlagen erleben. Einige hast du ja schon gehabt. Das waren jedoch nur winzig kleine Niederlagen. Irgendwann wirst du mit dem Rücken zur Wand stehen und es wird um alles oder nichts gehen. Dann entscheidet deine Persönlichkeit, ob du aufgibst oder weiter machst.

Deine Fähigkeit mit anderen Menschen zu kommunizieren hängt direkt von deiner Persönlichkeit ab und wie viel Selbstbewusstsein du hast. In jedem Gespräch, in jede Verhandlung fließt mit ein, wer du bist und wie du glaubst, dass es sein sollte. Die Art, wie du deine Kunden und Führungskräfte behandelst, ob du positiv denkst oder negativ. All das wird in der Zukunft entscheiden, ob es dein Unternehmen in einem oder in zehn Jahren noch geben wird.«

Florian hörte geduldig zu. Er hatte schon einiges über Psychologie und den Ausdruck Persönlichkeit gehört, aber so richtig konnte er sich darunter noch nichts vorstellen.

»Kann man das denn lernen? Ich meine, ich habe doch keine besondere Persönlichkeit. Da kann man doch nichts machen«, sagte er.

»Du selbst bist dafür verantwortlich, was für ein Mensch du bist. Natürlich gibt es äußere Einflüsse die dich geprägt haben, aber letztendlich kannst du selbst dich zu der Person entwickeln, die du gerne sein möchtest. Ich gebe dir mal ein Buch mit. Es ist von Stephan Landsiedel und heißt „Way up – den eigenen Traum leben“. In dem Buch geht es darum, seinen Traum zu finden und mit gezielten psychologischen Methoden zu der Person zu werden, die diese Träume verwirklichen kann«, antwortete Eduardo.

Bei diesen Worten ging er aus dem grünen Salon direkt nach nebenan in sein Büro. Florian folgte ihm. Ab und an hatte er schon mal einen Blick hineinwerfen können, aber jetzt verschlug es ihm die Sprache als er ganz in das Zimmer trat. Auf allen Seiten waren bis unter die Decke Bücher fein säuberlich in Regalen aufgestellt. Es waren mehr Bücher als in der Stadtbibliothek. Florian schätzte, dass es mindestens 5.000 Bücher waren. Er trat näher heran und las einige Buchrücken. Das waren keine Romane sondern alles Fachbücher über Persönlichkeitsentwicklung, Unternehmensführung und Marketing.

»Hast du die alle gelesen?« fragte er seinen Mentor.

»Fast alle. Manche brauche ich auch zum Nachschlagen. Aber die meisten habe ich wirklich gelesen. Darin findest du ungeheuer viel Weisheit«, antwortete Eduardo.

Dieser war inzwischen auf eine eigens dafür vorgesehene Leiter gestiegen, um das Buch von Stephan Landsiedel aus dem Regal zu holen. Als er wieder unten war, reichte er es Florian mit den Worten: »Lies es, Stephan hat das Buch mit

23 Jahren geschrieben und er hat selbst ein großes Unternehmen mit Millionenumsätzen aufgebaut.«

»Das ist aber ein ganz schön dickes Buch – 380 Seiten. Da werde ich einige Zeit dafür brauchen«, seufzte Florian.

»Es ist spannend geschrieben und es ist eine Unternehmeraufgabe. Du hast mich danach gefragt und ich habe dir geantwortet«, erwiderte der Mentor.

»Natürlich werde ich es lesen«, antwortete Florian.

»Lass dir Zeit. Schließlich solltest du ja auch deinen Pflichten als guter Freund nachkommen.« Bei den letzten Worten »guter Freund« grinste Eduardo und Florian wusste genau, was er meinte.

Das war das Stichwort für ihn, denn er musste sofort an Nela denken. Florian wollte sie an diesem Sonntag auch noch unbedingt sehen.

Er war so in Gedanken versunken, dass er Eduardos nächsten Satz gar nicht bewusst hörte: »Wenn dein Unternehmen noch größer wird, dann musst du ein Gewerbe anmelden und die Steuern in deine Finanzplanung einbeziehen.«

»Ja, ja, alles zu seiner Zeit. Ich muss jetzt los. Nela wartet.« Mit diesen Worten erhob er sich, verabschiedete sich und eilte nach draußen, um seine Nela zu besuchen. Der letzte Satz von Eduardo war völlig an ihm vorbei gegangen.

Der Mentor blickte Florian nachdenklich hinterher. »Ein toller Junge, er wird es noch weit bringen, wenn er zukünftig seine Lektionen so gut lernt«, dachte er bei sich.

Kapitel 12: Glaubenssätze

Am Sonntagmittag hatte Florian etwas Zeit und so begann er in dem Buch zu lesen, das Eduardo ihm gegeben hatte. Besonders interessierte ihn das Thema »Die Säulen des Glaubens« und so sprang er gleich in das dritte Kapitel des Buches.

Darin erfuhr Florian, dass unser Denken einen ganz erheblichen Einfluss auf unsere Gefühle hat. Wenn man schlecht von sich selbst denkt, dann vermindert man dadurch sein Selbstvertrauen und sein Selbstwertgefühl. Dies schlägt sich in der Körpersprache nieder. Erfolgreiche Menschen und großartige Unternehmer glauben an sich selbst und ihre Ideen. Dadurch verändert sich auch ihr Auftreten nach außen. Sie strahlen mehr Selbstbewusstsein aus und sind überzeugender. In Folge dessen können sie große Dinge im Leben erreichen.

„Alles schön und gut, aber was hat das mit mir zu tun, ich bin doch nur ein Teenager. Was kann ich schon machen?“ dachte Florian beim Lesen.

Dann stieß er auf bekannte Ausreden. Sie wurden in dem Buch einschränkende Glaubenssätze genannt. Dort waren Sätze aufgeführt wie: »Ich bin zu alt. Ich bin zu unerfahren. Ich bin nicht intelligent genug. Ich habe nicht genügend Ausbildung. Ich bin zu jung.«

Beim letzten Satz fühlte sich Florian ertappt. Er las daher einige Beispiele:

David Stuart hatte mit 12 Jahren einen wissenschaftlichen Vortrag vor einer Gruppe von 150 Archäologen und Maya-Forschern über ein von ihm dechiffriertes Schriftzeichen der Maja-Sprache gehalten.

Judith Polgar war mit 15 Jahren die jüngste Schachgroßmeisterin aller Zeiten geworden.

Ray Kroc war mit 54 Jahren zum ersten Mal in ein McDonalds Restaurant gekommen, hatte seine Chance erkannt und war 30 Jahre später als Milliardär gestorben.

Einstein war bei seiner ersten Aufnahmeprüfung bei der Eidgenössischen Technischen Hochschule durchgefallen und trotzdem zum berühmtesten Physiker des 20. Jahrhunderts geworden.

Dann las er von einer Geschichte, die ihn wirklich elektrisierte. Der Prediger Robert Schuller hatte eine Kirchgemeinde gegründet. Der einzige Ort, an dem er die Gottesdienste abhalten konnte, war ein Autokino. Als es eines Tages mitten in der Predigt anfing zu regnen und die Menschen sich in Sicherheit brachten, beschloss er, dass ihm dies nie wieder passieren würde. Er wollte eine Kathedrale aus Glas bauen lassen, um weiterhin mit freiem Blick zum Himmel predigen zu können. Nur seinem unbeirrbaren Glauben war es zu verdanken, dass es heute die Crystal Cathedral gab und sie war mehr als 100 Millionen Dollar wert.

Florian las auch von einem Mädchen, das nicht laufen konnte. Ihre Mutter gab jedoch nicht auf und behandelte es immer weiter, obwohl alle Ärzte die Hoffnung bereits aufgegeben hatten. Schließlich begann das Mädchen wieder zu laufen. Sie wurde immer besser und trainierte regelmäßig. Bald lief sie allen anderen davon und mit 20 Jahren gewann sie in Rom bei den olympischen Spielen die Goldmedaille über 100 m, 200 m und mit der 4x100 m Staffel.

Florian konnte es kaum glauben. Es war unglaublich, welche Wunder sich in der Vergangenheit bereits ereignet hatten. Wie war das möglich? Wie hatten es diese Menschen geschafft, sich über ihr einschränkendes Denken hinweg zusetzen und so großartige Leistungen zu erbringen. Er las sich tiefer in das Buch ein und begann einige mentale Übungen zu machen. Besonders gefielen ihm die Visualisierungsübungen. Dabei stellte er sich bestimmte Dinge wie einen

Film vor, in dem er die Hauptrolle spielte. Wenn ihm eine Szene nicht gefiel, dann änderte er sie einfach. Er variierte die Kameraperspektive, ließ den Film mal langsamer, mal schneller laufen, fügte einen Soundtrack hinzu und veränderte immer wieder die einzelnen Szenen.

In dem Buch stand, dass man mit dieser Art von Übungen seine Zukunft verändern konnte. Das war natürlich eine große Behauptung, aber Florian dachte sich, dass es auch nicht schaden könne, wenn er es einfach probieren würde.

Er sah sich selbst in verschiedenen Situationen. Bisher hielt er sich für einen sehr schüchternen Jungen. Aber jetzt stellte er sich vor, wie er seine Angst überwinden konnte. Wie er auf andere Menschen zuging und mit ihnen ins Gespräch kam. Das war ungewohnt, aber er folgte den Anweisungen in dem Buch. Das fühlte sich sehr gut an!

Er sah sich selbst als Unternehmer mit einer richtigen Firmenzentrale mit vielen Angestellten und Führungskräften. Er stellte sich vor, wie dieses Unternehmen die Welt verändern würde. In diesem Moment fühlte er, dass er eine große Aufgabe hatte. Er wusste nicht genau, was es war, aber es war gigantisch. Viel Geld wurde durch ihn bewegt. Reiche und berühmte Menschen saßen mit ihm an einem Tisch und diskutierten mit ihm.

Es folgten Bilder, in denen er sich auf Reisen sah. Viele Länder bereiste er und natürlich tauchte Nela immer wieder in seinen Zukunftsbildern auf. Er sah, wie er mit ihr auf einer Insel im Strand lag, wie sie sich vor berühmten Gebäuden aufhielten und gemeinsam die Wunder der Welt entdeckten.

Florian durchflutete ein warmes Gefühl. Er spürte, dass er mit diesem Buch ein mächtiges Instrument in der Hand hielt, das sein Leben für immer verändern konnte.

Aber konnte es so einfach sein? Schon wieder erfassten ihn Zweifel. Gewaltsam schob er sie auf die Seite. Gerade hatte er gelesen, dass er sich solchen Gedanken nicht hingeben sollte. Er sollte doch an sich glauben. Was konnte dabei helfen? In dem Buch stand, dass er Modelle brauchte, von denen er lernen konnte. Ein Modell hatte er schon: seinen Mentor Eduardo. Das war ein guter Anfang. Dann fiel ihm noch Peter ein. Der war durchaus eine Ort Vorbild für ihn. Zumindest, wenn es darum ging, fremde Menschen anzusprechen.

Außerdem brauchte es ein Umfeld, das ihn auch in schwierigen Zeiten ermuntern konnte. Ein solches hatte er auch. Seine Eltern hatten ihn oft aufgefordert, an sich und seine Möglichkeiten zu glauben. Seine Freundin Nela war sensationell. Auch sein Opa war ein Unterstützer. Seitdem er nicht mehr an den Getränkelieferungen beteiligt war, hatte Florian wieder weniger Kontakt zu ihm. Er beschloss sich später noch bei ihm zu melden.

Neben dem Umfeld und geeigneten Modellen gab es noch verschiedene Möglichkeiten, selbst an seiner inneren Einstellung zu arbeiten. Florian lernte neben Visualisierungen auch noch etwas über Affirmationen: »Ich werde die Chancen und Möglichkeiten meines Lebens nutzen und ein erfolgreicher Unternehmer werden!« sagte er sich.

Das war gut. Florian nahm sich vor, in Zukunft häufiger solche Übungen zu machen, um mental gut drauf zu sein.

Dann dachte er daran, welche positiven Erfahrungen er bereits in der Vergangenheit gemacht hatte, die ihm zeigten, dass er durchaus in der Lage war, Großartiges zu vollbringen. Er dachte an die Anfänge seines Geschäfts, dachte daran, wie er Mitarbeiter und neue Freunde gewonnen hatte. Mutig hatte er sich der einen oder anderen Situation stellen müssen, um dahin zu kommen, wo er heute war. Ihm fielen Szenen aus dem Fußball ein. Wie er nach Verletzungen wieder aufgestanden war und noch einmal von vorne angefangen hatte. Mit seiner Mannschaft hatte er das eine oder andere kritische Spiel gekippt und war über sich selbst hinaus gewachsen. Dann fiel ihm eine Szene aus dem Kindergarten ein, in der er ein schwächeres Mädchen beschützt hatte, das von drei Jungen belästigt worden war. Er hatte sich vor sie gestellt und den Angreifern gesagt, dass sie erst an ihm vorbei müssten. Er besaß also durchaus Mut, Selbstdisziplin und den Glauben an sich. Es war schön, sich in solche positiven Erinnerungen zu begeben.

Florian nahm sich vor, in Zukunft häufiger in diesem magischen Buch zu lesen und noch in vielen anderen. Wenn es da draußen so große Weisheiten verborgen auf Buchseiten gab, dann wollte er so viele Bücher lesen, wie er nur konnte. Jetzt verstand er auch, warum Eduardo tausende von Büchern in seinem Büro aufbewahrte.

Florian wusste, er hatte gerade ein neues Puzzleteil auf dem Weg zum Erfolg kennen gelernt.

Kapitel 13: Start in Wasserhausen

In der nächsten Woche traf sich Markus mit Pam. Der schüchterne Junge war völlig fasziniert von der attraktiven Blondine. Die beiden verbrachten einige Stunden miteinander und Markus erklärte ihr alles, was sie über das Betreiben eines Standortes wissen musste.

An einem Nachmittag stellten sie sich auch gemeinsam vor die Schule und Markus beobachtete Pam dabei, wie sie einen Interessenten nach dem anderen als Einkäufer gewinnen konnte.

Auch von der Kundenseite her entwickelte sich die Nachfrage prächtig. Als es auf den Samstag zuging, hatten sich bereits 80 Kunden für den Dienst gemeldet.

Als Florian diese Nachrichten von Wasserhausen erhielt, machte er einen Luftsprung. Es klappte! Sofort rief er Nela an, um es ihr mitzuteilen.

Pam und Markus luden die Fahrer am Freitag zu Pam ein und schulten sie intensiv über den Umgang mit den Kunden und über alles, was passieren konnte. Markus schärfte ihnen ein, dass sie sich bei Problemen sowohl an Pam als auch an ihn wenden könnten. Wichtig sei, dass die Kunden ihre Ware schnell und unversehrt erhielten. Er wies auch noch einmal darauf hin, wie wichtig die Unterschrift des Kunden unter die schriftliche Erklärung, dass sie in ihrem Auftrag einkauften, sei, und dass sie das Geld bereits im Vorfeld kassieren würden. Zur Mahnung erzählte er, wie es Florian mit einem Kunden mal ergangen war, der dann später nicht zahlen wollte. Nach der Schulung waren alle bestens vorbereitet.

Als die Schüler gegangen waren, schaute Pam Markus herausfordernd an und ehe sich dieser versah, drückte ihn Pam an sich und gab ihm einen Kuss, bei dem ihre Zunge fordernd in seinen Mund fuhr und er ganz elektrisiert war. Noch nie zuvor hatte er ein Mädchen geküsst und nun küsste ihn das heißeste Mädchen weit und breit. Offenbar war es für Pam keine so neue Erfahrung. Markus hatte den Eindruck, dass sie bereits etwas Routine beim Küssen hatte. Wild knutschten sie herum, lachten und verstanden sich prächtig.

Natürlich meldeten sie diesen »Zwischenfall« nicht an die Firmenzentrale zu Florian.

Am Samstag richtete sich ein Großteil der Aufmerksamkeit auf den neuen Standort. Die Premiere klappte auf Anhieb ziemlich gut. Viele der Anfangsfehler des ersten Standortes konnten vermieden werden und die Ausfallquote hielt sich im bereits bekannten üblichen Rahmen.

In Wasserhausen wurden an diesem Tag 90 Kunden mit einem durchschnittlichen Einkaufsvolumen von 95 Euro beliefert. Das machte eine 10% Provision von 855 Euro für den Lieferservice. Die neun Fahrer, die im Einsatz waren, bekamen jeweils 50 Euro, also insgesamt 450 Euro. Somit blieben für das Management und die Unternehmensführung noch 405 Euro übrig. Pam bekam für ihren 10 Stunden Einsatz 100 Euro plus noch einmal 81 Euro für ihren 20% Anteil. Markus erhielt für etwa 10 Stunden Einarbeitung von Pam 150 Euro wie vereinbart plus noch einmal 10% von Florians Anteil, der 74 Euro betrug, d.h. 7,40 Euro.

Damit blieben Florian insgesamt an diesem ersten Wochenende nur 66,60 Euro der Einnahmen in Wasserhausen übrig. Das war sehr wenig. Mehr als 8.500 Euro hatten den Besitzer gewechselt und er als der Chef des Unternehmens bekam nur 66 Euro. Aber er wusste, dass er bei gleichbleibenden Zahlen am nächsten Wochenende bereits deutlich mehr verdienen würde, denn dann würde es eine kürzere Einarbeitung für Pam geben, so dass der größte Anteil von Markus Honorar ab dann an ihn gehen würde. Auf lange Sicht war es ein lukratives Geschäft.

Aus den Verkäufen von Florians Heimatstadt erhielt Florian an diesem Samstag 340 Euro. Das war schon etwas ganz anderes. Zusammen also etwas mehr als 400 Euro. Nun, damit hatten sich schon fünf der zehn Anhänger, die er gekauft hatte amortisiert. Florian erinnerte sich auch daran, dass er etwa zehn Wochen gebraucht hatte, als er noch selbst die Waren ausgefahren hatte, um auf 400 Euro zu kommen. Damals hatte er vor Freude aufgeschrien. Diesmal gönnte er sich einen tollen Kino-Abend mit seiner geliebten Nela.

Die Woche verging ohne besondere Vorkommnisse und am nächsten Samstagabend war Florian gespannt über die neusten Ergebnisse. In Wasserhausen veränderte sich die Rechnung zu seinen Gunsten. Es waren einige Kunden wieder abgesprungen und neue dazu gekommen. Insgesamt wurden 94 Kunden von zehn Fahrern bedient. Der durchschnittliche Verkauf stieg auf etwa 100 Euro pro Kunde, so dass eine Provision von 940 Euro erzielt werden konnte. Die zehn Fahrer erhielten zusammen 475 Euro. Einer von ihnen war nur für zweieinhalb Stunden gebraucht worden, da er nur vier Kunden zu beliefern hatte. Das Management teilte sich die verbliebenen 465 Euro folgendermaßen auf. Pam bekam 90 Euro für 9 Stunden Arbeit sowie 20% = 93 Euro obendrauf. Markus bekam für seine drei Stunden Kontrolle und Unterstützung, die er in dieser Woche für Pam geleistet hatte, 45 Euro. Für Florian blieben somit 465-183-45=235 Euro, wovon Markus noch einmal 10% erhielt. Damit hatte Florian eine Einnahme von 211 Euro und 335 Euro von dem ersten Standort. Das machte zusammen 546 Euro.

In diesem Stil ging es die nächsten zwei Wochen weiter bis die beiden Standorte bis auf die 10%, die Markus in Wasserhausen erhielt, etwa gleichgezogen waren. Damit erzielte Florian pro Woche eine Einnahme von ca. 600 Euro und musste sich um nicht mehr viel kümmern. Als er am Monatsende auch noch 350 Euro an Provision von dem Getränkelieferanten erhielt, fühlte er sich gut.

Erst jetzt fiel ihm auf, dass er in Wasserhausen diese zusätzliche Einnahmequelle noch gar nicht installiert hatte. Das ließ nicht lange auf sich warten. Er verabredete sich mit Nela, um den Kunden in Wasserhausen auch das Angebot mit der Getränkelieferung zu machen. Inzwischen hatten sie sich ja von der Qualität und Zuverlässigkeit von Florians Leuten überzeugen können.

Als erstes rief er Moritz Krämer an und fragte ihn, ob dieser auch in Wasserhausen liefern könne. Dieser war hocherfreut, dass sich Florian bei ihm meldete und bestätige, dass ihm Wasserhausen sehr recht sei, da es für seine Fahrer sogar noch näher war als Florians Heimatstadt.

Am nächsten Tag war Nela da und die beiden legten sich mächtig ins Zeug. Immer abwechselnd wählten sie die Nummern der knapp 100 Kunden aus Wasserhausen, die sie von Pam übermittelt bekommen hatten, um zu fragen, ob die Kunden auch eine Getränkelieferung wünschten. Nela war deutlich erfolgreicher als Florian. Bei ihr forderten mehr Kunden ein Angebot ein. Sie erreichten am ersten Tag ihrer Telefonaktion, die sie am Nachmittag begonnen hatten, etwa 30 der Kunden. Zehn davon waren bereit den Getränkedienst auszuprobieren. Am nächsten Tag telefonierten sie parallel und schafften es, 50 weitere Kunden zu erreichen und davon 20 für einen Test zu begeistern. Die verbliebenen Kunden telefonierte Florian im weiteren Verlauf der Woche an und erhielt noch fünf weitere Zusagen. Somit gab es 35 Personen, die den Getränkedienst testen würden.

Florian überschlug kurz die Zahlen. Wenn jeder der 35 Personen pro Woche im Durchschnitt drei Kästen bestellen würde, dann wären das etwas mehr als 100 Kästen pro Woche. Er multiplizierte mit vier. Das wären dann etwa 400 Kästen pro Monat. Bei einer Provision von 30 Cent wären das dann 120 zusätzliche Euro pro Monat. Seine Einnahmen aus Getränkeprovisionen würden sich damit auf insgesamt 420 Euro im Monat belaufen.

Zusammen mit rund 600 Euro mal vier Wochen gleich 2.400 Euro monatlich aus dem Einkaufsservice würde er im nächsten Monat bereits auf Einnahmen von etwa 3.000 Euro kommen. Das Geschäft lief!

Kapitel 14: Die Macht der Multiplikation

Florians Konzept stand auf soliden Beinen. Inzwischen hatte er etwas mehr als 4.000 Euro in seiner Kasse. Er hatte nicht nur einen Standort erfolgreich eingeführt sondern auch einen zweiten. Dabei hatte er einen treuen Manager in Markus gefunden, der von nun an in der Lage sein würde, weitere Standorte aufzubauen und neue Standortleiter einzuarbeiten. Das, was in Wasserhausen geschehen war, würde in weiteren Ortschaften der Umgebung mühelos wiederholbar sein. Was war dafür noch zu tun? Nun, Florian musste einfach den Startschuss geben. Er musste sagen, was wer als nächstes zu tun hatte.

Inzwischen hatte Florian das Buch »Way up – den eigenen Traum leben« erneut zur Hand genommen und diesmal mit dem ersten Kapitel angefangen. Das Buch gefiel ihm wirklich. Es war motivierend geschrieben und er beschäftigte sich zum ersten Mal in seinem Leben detailliert mit seinen Träumen und Zielen. Natürlich spielte Nela dabei eine ganz entscheidende Rolle. Sie war sein ein und alles. Sie war sein Motor, sein Antrieb. Wozu sonst brauchte er Geld, wenn nicht um mit ihr ein angenehmes Leben zu führen. Florian überlegte, was seine nächsten geschäftlichen Ziele sein könnten. Er legte fest, dass er gerne alle vier Wochen einen neuen Standort eröffnet haben wollte. Er schloss die Augen und stellte es sich einfach vor. Er sah die vielen neuen Mitarbeiter. Er stellte sich die vielen glücklichen Kunden vor, denen sie diese lästige Arbeit abnahmen. Er sah die neuen Geschäftsführer und er dachte daran, wie es wohl wäre, wenn er an einem einzigen Samstag über 1.000 Euro verdienen würde. Dabei lief ihm ein Schauer über den Rücken. Das war enorm viel Geld. Er würde es nicht für irgendetwas Sinnloses ausgeben. Er würde es investieren, vermehren und für einen guten Zweck verwenden. Welcher das sein könnte, das würde sich sicher noch finden.

Nach dieser mentalen Übung telefonierte er mit Markus. Dieser ließ sich von Florians Begeisterung anstecken. Auch Markus Einkommen war durch die Beteiligung an Wasserhausen gestiegen. Er war immer noch in Pam verliebt und war Florian total dankbar, dass er dies möglich gemacht hatte. Nur zu gerne würde er für Florian weitere Standorte eröffnen. Wenn er nicht selbst die neuen Einkäufer vor der Schule abfangen und gewinnen konnte, dann würde er es zusammen mit Pam machen. Sie würden viel Spaß dabei haben. Mit ihr war eine solche Aktion richtig cool!

Als er von Florians Ziel hörte, alle vier Wochen einen neuen Standort zu eröffnen, war er Feuer und Flamme und bereit, sofort loszulegen. Er würde sofort auf der Karte nach geeigneten Standorten Ausschau halten und vor Ort alles klar machen.

Florian hatte von Herrn Maus, dem Leiter des Supermarktes in Wasserhausen, ebenfalls ein Empfehlungsschreiben bekommen. Fortan würde er einmal pro Monat zusammen mit Markus einem neuen Supermarkt einen Besuch abstatten, nachdem er vorab einen Termin mit dem Leiter vereinbart hatte. Sobald der Leiter die Kooperation zugesagt hatte, konnte es losgehen mit dem Rekrutieren von neuen Fahrern. Das würden Markus und Pam machen. Dann würde Markus einen geeigneten Geschäftsführer auswählen und ihn Florian vorstellen. Wenn dieser einverstanden war, konnte das Einlernen beginnen und alles lief seinen gewohnten Gang.

Im November eröffneten sie planmäßig einen neuen Standort. Der Leiter des Supermarktes an dem Standort, den sie in diesem Monat eröffnen wollten, hatte zunächst kein Interesse an einer Kooperation. Bisher hatten die Empfehlungsschreiben von Herrn Polster und Herrn Maus, den beiden Supermarktleitern, ihre Wirkung nicht verfehlt. Dann hatte Florian noch eine weitere Idee: Er bat Eduardo. Der Mentor ließ sich tatsächlich überreden und brachte den Supermarktleiter dazu, die Jungs doch zu empfangen und schließlich willigte auch er ein. Jetzt waren es schon drei Supermärkte, für die Florians Team den Einkaufsservice übernahm.

Markus und Florian bekamen langsam Übung darin, einen neuen Standort zu eröffnen und sie beschlossen, im Dezember nochmal einen und ab Januar jeden Monat zwei neue Supermärkte in Angriff zu nehmen. Florian hatte nun auch ein finanzielles Polster, so dass er für jeden neuen Standort immer gleich zehn Anhänger bestellte. Für die Unterbringung der Anhänger musste der jeweilige Standortleiter sorgen, solange bis die Fahrer gefunden waren.

Bis zum Ende des Jahres hatten sie vier Standorte eröffnet und Florian erhielt im Dezember, in den fünf Samstage fielen, Einnahmen von ca. 5.000 Euro aus dem Einkaufsservice und noch einmal 600 Euro aus den Provisionen für den Getränkeverkauf. Er wusste, dass die neuen Standorte noch in der Startphase waren und im neuen Jahr ihm automatisch weitere Erträge bringen konnten.

Eduardo bekam die massive Expansion nicht mit, denn er war über die Wintermonate in sein Feriendomizil auf Hawaii geflogen. Florian vermisste ihn, seinen Rat und die Gespräche sehr. Gleichzeitig war er voll mit der Expansion beschäftigt. Beinahe täglich kamen weitere Kunden oder Einkäufer dazu. Er konnte sie unmöglich alle persönlich kennen lernen. Nur die Leiter der Standorte, die nahm er selbst sehr genau in Augenschein, nachdem Markus die Vorauswahl getroffen hatte.

Die Unternehmung war in der ganzen Gegend im Gespräch und das führte dazu, dass immer weitere Kunden davon erfuhren und den Service in Anspruch nehmen wollten.

Von seiner Verletzung war bald nichts mehr zu spüren. Geduldig hatte er sich geschont, erst langsam mit dem Training und Belastungen angefangen und dann gesteigert. Über einen Wiedereinstieg ins Fußballspielen hatte er jedoch bisher nicht weiter nachgedacht. Zum einen hatte ihn Doc Andreas Martin eingeschärft, dass die Belastung und das Risiko für sein Knie bei dieser Sportart besonders hoch seien und dass es wirklich auskuriert sein sollte, bevor er damit wieder anfing. Zum anderen waren die Samstage inzwischen gefüllt mit Aktivitäten rund um sein wachsendes Unternehmen und natürlich mit Nela.

Kapitel 15: Die Party

An seinem 15. Geburtstag, dem 29. Dezember gab Florian eine große Party und lud alle seine Freunde, Klassenkameraden, Mitarbeiter mit Freund oder Freundin ein. Er mietete einen kleinen Saal, bestellte ein großes Buffet und einen DJ, der Musik auflegte. Es wurde ein rauschendes Fest und die jungen Leute hatten richtig viel Spaß. Spätestens jetzt kannten alle Mitarbeiter Florian und wussten, wem sie ihre Einkommensquelle zu verdanken hatten. Alles in allem waren bei dieser Party rund 80 Teenager anwesend. Etwa die Hälfte von ihnen erledigten Einkäufe für Florians Unternehmen.

Auf dem Höhepunkt des Abends schnappte sich Florian ein Mikrophon und hielt eine kleine Rede. Zuvor hatte er lange mit sich gerungen, ob er das wirklich tun sollte. Eine mentale Übung hatte ihm schließlich geholfen, sein Lampenfieber in den Griff zu bekommen und so stand er nun zum ersten Mal vor so vielen Menschen und sprach zu ihnen.

Er bedankte sich bei allen, die zum Gelingen des Unternehmens beigetragen hatten. Insbesondere erwähnte er die Mitarbeiter, die von Anfang an dabei gewesen waren, Eduardo seinen Mentor und vor allem Markus. Dann machte er eine Pause und sagte: »Am meisten freut es mich, dass ich durch diese Unternehmung das Mädchen kennen gelernt habe, das meine Welt auf den Kopf gestellt hat. Liebe Nela, ich liebe dich. Du bist meine Sonne! Ich bin so glücklich und dankbar, dass du in meinem Leben bist.«

Nela war sonst nicht leicht aus der Fassung zu bringen, aber jetzt wurde sie rot. Tränen stiegen ihr in die Augen, als sie zu Florian auf die Bühne stieg, ihn umarmte und dann leidenschaftlich küsste. Spontan brandete Beifall unter den anwesenden Jugendlichen auf. Nelas Mutter, die in einer Ecke stand, war ebenfalls zu Tränen gerührt. Dann spielte der DJ einen langsamen Blues und Florian tanzte engumschlungen mit Nela, während über ihnen eine Diskokugel blaue Strahlen auf die Tanzfläche warf.

Für Florian war dieser Abend der absolute Höhepunkt seines bisherigen Lebens. Noch nie war er so stolz und so glücklich gewesen. Er tanzte mit Nela die ganze Nacht, entführte sie in ein dunkles Nebenzimmer und zog sie eng an sich. Er war berauscht, weniger vom Alkohol - den mochte er nicht - vielmehr vom Gefühl des Triumphs und des Glücks. So berührte er Nela überall. Er küsste sie am Hals, streichelte ihren Po und fuhr ihre Rundungen nach. Die beiden spürten die Hitze zwischen sich.

Wären da nicht die Gäste und Nelas Mutter als Anstandsdame in der Nähe gewesen, dann hätten die beiden am liebsten die ganze Nacht weiter gemacht.

Kapitel 16: Thomas Ewald

Zwei Tage später, am 31. Dezember, sah Thomas Ewald einen der vollbepackten Einkäufer aus Florians Team. Natürlich hatte er die Schmach nicht vergessen, als er gegenüber Florian das Nachsehen gehabt hatte und ihm sogar die Kunden hatte abgeben müssen. Von diesem Tag an sinnierte er heimlich auf Rache.

Manchmal hatte er sich dazu hinreißen lassen, einem der Fahrer einen Platten zu stechen, aber das hatte sie kaum aufgehalten. Bereits kurze Zeit später war ein neuer Fahrer da und sie hatten einfach die Waren umgeladen und waren weiter gefahren. Inzwischen hatte Thomas mitbekommen, dass Florian in vier Städten auslieferte. Er rechnete sich aus, dass Florian wohl ein Vermögen verdienen musste. Das machte ihn rasend. Er selbst hatte nach Beendigung der 10.ten Klasse eine Ausbildung zum Mechatroniker angefangen und musste sich mit dem bescheidenen Gehalt von 900 Euro pro Monat abgeben – das war immerhin mehr als in den meisten anderen Ausbildungsberufen - aber natürlich viel zu wenig für einen mit seinen Talenten.

Er musste etwas unternehmen. Unmöglich konnte er diesem auch noch Jüngeren einen solchen Triumph erfahren lassen. Er wollte ihn tief ins Mark treffen, so dass sich Florian nicht mehr würde erholen können. Bisher war ihm allerdings bis auf einige Sabotageakte noch nichts Gescheites eingefallen.

An diesem Tag jedoch kam ihm ein Geistesblitz als er seine Gehaltsabrechnung für den Dezember zufällig zur Hand nahm. Dort sah er, dass er gar nicht seinen gesamten Lohn ausbezahlt bekam, sondern eine Lohnsteuer abführen musste. Das war ihm in den ersten drei Monatsabrechnungen noch gar nicht aufgefallen. Es war nicht viel, dazu war sein Gehalt zu gering, aber bei dem Wort Steuer machte es bei ihm Klick. Thomas Ewald war zwar faul, aber nicht ganz dumm. Schnell recherchierte er im Internet nach den verschiedenen Steuerarten. Durch seinen Freund Wolfgang, den er mal bei Florian in die Organisation geschmuggelt hatte, wusste er, wie Florian kalkulierte. Dabei war von Steuern nie die Rede gewesen. Vielleicht hatte Florian daran offenbar noch gar nicht gedacht. Auf einmal war Thomas voller Energie.

Als erstes fand er heraus, dass Florian in Abhängigkeit der Höhe seines Einkommens Steuern bezahlen musste. Bis zu einem Einkommen in einer Höhe von 8.652 Euro war das Einkommen steuerfrei. Von da ab bewegte es sich aber kontinuierlich in mehreren Schritten bis zu 42% und dann sogar 45%. Das bedeutete, dass Vielverdiener einen großen Teil der Einnahmen dem Finanzamt überweisen mussten.

Wie hoch mochte das Einkommen von Florian sein? Thomas überschlug es schnell. An jedem Standort gab es ca. 100 Kunden, die 100 Euro jede Woche bezahlten. Das waren dann 10.000 Euro pro Woche und ca. 40.000 Euro im Monat. Bei aktuell 4 Standorten waren das 160.000 Euro pro Monat. Da Florian das Ganze jetzt schon mehrere Monate betrieb, musste die Summe der Einnahmen bestimmt eine halbe Million betragen. Folglich würden auch die Steuern saftig ausfallen.

Als er weiter recherchierte, entdeckte er noch etwas ganz anderes. Jeder Fahrer, den Florian in seinem Team hatte, bekam jeden Samstag etwa 50 Euro. Das waren im Monat mehr als 200 Euro. Damit war sein Einkommen zwar steuerfrei, aber nicht so für den Auftraggeber. Bei dieser Höhe fielen die Schüler unter das 450-Euro-Minijob-Gesetz. Das bedeutete, dass sie mit ca. 35% Pauschalbesteuerung anzusetzen waren. Thomas jubilierte. Jetzt hatte er Florian.

Genüsslich las er, wie sich dieser Betrag zusammensetzte:
13% Pauschalbeitrag zur Krankenkasse
15% Pauschalbeitrag zur Rentenkasse
3,7% Beitragsanteil des AN in der Rentenversicherung
2% Steuern
1% Umlage bei Krankheit
0,3% Umlage bei Schwangerschaft/Mutterschaft

Thomas verstand die Punkte im Einzelnen nicht so richtig, aber eines ging klar aus den Internetartikeln dazu hervor: Der Arbeitgeber musste bei Minijobs für die an die Arbeitgeber ausgezahlten Beträge diese 35% Pauschalbesteuerung abführen. Das war zu geil. Florian musste für jeden Schüler, der bei ihm 200 Euro pro Monat verdiente, noch einmal mindestens 70 Euro pro Monat an Steuern abführen. Thomas schätzte, dass Florian inzwischen mehr als 40 Schüler im Einsatz hatte. Das bedeutete, dass er pro Monat mehr als 2.800 Euro an Pauschalabgaben bezahlen musste. Da er das bisher vermutlich nicht getan hatte, würden sich die ganzen Monate zusammen addieren. Thomas konnte sein Glück nicht fassen. Er freute sich fast so, als würde er das Geld selbst bekommen.

Jetzt musste er nur noch überlegen, wie er diese Information ausspielen konnte. Als erstes versuchte er es im Internet und gab einfach „Anonyme Anzeige zur Steuerhinterziehung" ein und bums, da war es. Ein detailliertes Dokument mit vorgefertigtem Formular forderte regelrecht dazu auf im Sinne der Steuergerechtigkeit tätig zu werden. Dort stand:

„Steuerhinterziehung ist kein Kavaliersdelikt.
Es ist eine Form der Zivilcourage, bei der Aufklärung von Steuerstraftaten zu helfen, denn:
Steuerhinterziehung geht zu Lasten der Allgemeinheit.

Thomas war begeistert. „Ja, ganz genau", dachte er. „Dem
Dreckschwein werde ich es zeigen. Das hat er davon. Ich bin
wenigstens ein ehrlicher Steuerzahler. Er ist jetzt ein
Schwerverbrecher und ich bringe ihn zur Strecke."

Mit einem guten Gefühl füllte er das Formular aus. Er
beschrieb, dass Florian Goldacker vermutlich ein nicht
angemeldetes Gewerbe heimlich betreibe und wohl inzwischen mutmaßlich schon weit mehr als eine halbe Million
Euro eingenommen habe, die er nicht beabsichtige zu versteuern. Außerdem habe besagter Florian Goldacker wohl an
die 40 Beschäftigte, für die er keine Lohnsteuer abführen
würde und die somit „schwarz" für ihn arbeiten würden.

Stolz erfüllte ihn. Er war jetzt ein Held und hatte dabei
geholfen, eine Straftat aufzuklären. Noch am gleichen Tag
warf er das Formular ohne Absender beim nächsten Finanzamt in den Briefkasten.

Kapitel 17: Böses Erwachen

Es war der dritte Januar kurz nach sechs Uhr morgens als es bei den Goldackers klingelte. Frau Goldacker war als einzige schon wach und öffnete die Tür. Vor Schreck wich sie einen Schritt zurück. Da standen sechs Männer und Herr Oswald aus der Nachbarschaft. Der erste Mann hielt ihr eine Plakette mit der Aufschrift »Steuerfahndung« sowie einen richterlichen Durchsuchungsbefehl unter die Nase. Schnell drängten sie durch die Tür, schoben Frau Goldacker beiseite und besetzten das Haus.

Florian wurde unsanft aus dem Schlaf gerissen als jemand in sein Zimmer trat. Erst hielt er es für einen Traum, doch dann realisierte er, dass dies die harte Realität war. Ihm gegenüber stand ein großer Mann und Florian sah aus dem Augenwinkel, dass er sogar eine Pistole und Handschellen trug. Das beunruhigte ihn sehr. Ja, es versetzte ihn geradezu in Panik.

»Bist du Florian Goldacker?« fragte ihn der Polizist harsch.

»Ja!« erwiderte Florian, der nach einem heftigen Adrenalinstoß plötzlich hellwach war.

»Gegen dich liegt eine Anzeige wegen Steuerhinterziehung und Schwarzarbeit in einem besonders schwerwiegenden Fall vor. Zieh dich bitte an und halte dich für unsere Fragen bereit«, wurde ihm befohlen.

Drei Minuten später war Familie Goldacker im Wohnzimmer versammelt. Einer der Beamten ergriff das Wort und stellte sich und die anderen Herren kurz vor: »Mein Name ist Langhans. Ich bin der Untersuchungsleiter.«

Dabei hielt er kurz einen Dienstausweis in die Luft. »Dies hier ist Staatsanwalt Ewald, dann Herr Hart, ein Bediensteter der Straf- und Bußgeldstelle, Herr Peterson von der Zollbehörde, von der Polizei Herr Muntermann und zuletzt noch

Herr Müller, von der Steuerfahndung. Herrn Oswald kennen Sie ja bereits.«

Als Florian den Namen Ewald hörte, wurde ihm schlecht. Er zitterte am ganzen Leib, als er in die Augen der sechs Männer blickte. Sie machten das nicht zum ersten Mal. Für sie war es tägliche Routine Hausdurchsuchungen zu machen und andere wie Verbrecher zu behandeln. Sie hatten den Überrumpelungseffekt voll auf ihrer Seite. Es war erschreckend. Florian hatte keine Ahnung, wie er sich verhalten sollte. Er würde den Beamten alles geben, wenn er nur schnell wieder aus dieser unangenehmen Situation heraus kam.

»Entweder du sagst uns gleich, wo wir deine Aufzeichnungen und Geschäftsunterlagen finden, oder wir durchsuchen die ganze Wohnung«, fuhr Herr Langhans fort.

Frau Goldacker ergriff mutig das Wort: »Unser Sohn kauft für alte Leute im Supermarkt ein. Dafür bekommt er eine Provision von 10% der Höhe der Einkaufssumme.«

»Das wissen wir bereits und er beschäftigt dafür mehr als 40 andere Jugendliche schwarz. Ein Gewerbe hat er bisher nicht angemeldet und er macht viele Hunderttausend Euro Umsatz«, sagte der Wortführer.

Überrascht blickte Frau Goldacker Florian an: »Davon wussten wir nichts. Du hast uns gar nicht gesagt, dass du so viel Geld einnimmst.«

»Das stimmt auch nicht!« sagte Florian. »Ich habe keine so hohen Umsätze. Das ist frei erfunden!«

Währenddessen nahm ein Teil der Männer die Arbeit auf. Sie liefen durch die Wohnung und schauten sich diverse Verstecke an. Offenbar waren sie sehr geschult darin, jedes Versteck aufzuspüren, das sich ein normaler Bürger nur irgendwie ausdenken konnte. Schnell hatten sie Florians Bargeldkasse gefunden und das Geld darin gezählt. Es waren etwas mehr als 11.000 Euro. Es wurde sofort beschlagnahmt. Sie fanden auch Florians Ausgabenbelege der Fahrradanhänger ... und Florians Tagebuch.

Immer wieder versuchten sie weitere Informationen aus Florian heraus zu locken. Doch Herr Goldacker durchschaute den Ernst der Lage. Trotz des einschüchternden und nahezu bedrohlichen Auftretens der Steuerfahnder sagte er: »Florian, du sagst bitte kein Wort!« und an die Beamten gerichtet fuhr er fort: »Wir wollen sofort mit unserem Anwalt und Steuerberater reden!«

»Wenn Sie sich nicht kooperativ verhalten, kann sich das nur nachteilig für Sie auswirken«, probierte es Staatsanwalt Ewald weiter sie einzuschüchtern.

Florian war drauf und dran aus lauter Verzweiflung den Beamten alles zu erzählen, aber sein Vater zwang ihn dazu, den Mund zu halten: »Nein, sag nichts. Wir reden erst mit einem Anwalt, dann sehen wir weiter.«

Als der Beamte erkannte, dass er keine voreilige Aussage bekommen würde, sagte er barsch: „Dann rufen Sie doch schon mal Ihren Anwalt an, wenn Sie ohne ihn keine Aussage machen wollen.«

Florian hatte natürlich noch keinen Anwalt. Er war auch nie in die Nähe eines Anwaltes gekommen. Sein Vater hatte einen Steuerberater, aber ob der dieser Situation gewachsen war? In großer Verzweiflung fiel ihm die Notfallnummer von seinem Mentor Eduardo ein. Er hatte sie ihm einmal gegeben und gesagt, dass Florian ihn in einem ernsten Notfall immer anrufen könnte. Dies hier war ein Notfall!

Florian holte die Nummer und wählte sie mit zittrigen Händen. Eduardo ging tatsächlich ans Telefon. In knappen Worten beschrieb Florian dem Mentor die Situation.

Eduardo hatte sofort verstanden: »Florian, ich gebe dir jetzt die Nummer von Manfred Schmidt, er ist ein alter Freund von mir und hat mich schon oft aus solchen Situationen herausgeboxt. Sage ihm, dass ich dir die Nummer gegeben habe und dass du ein persönlicher Freund von mir bist. Nimm nur ihn. Er weiß, was zu tun ist.«

Florian wählte dessen Nummer und hatte, nachdem er es verzweifelt ein paar Mal hatte klingeln lassen, tatsächlich Manfred Schmidt am anderen Ende der Leitung. Erleichtert sprudelte er los: »Hallo Herr Schmidt, tut mir leid, dass ich so früh störe. Eduardo von Landmann hat mir ihre Nummer gegeben. Ich bin ein persönlicher Freund von Eduardo. Wir haben hier gerade die Steuerfahndung im Haus. Ich habe vor sechs Monaten eine Unternehmung gegründet und noch keine Steuererklärung abgegeben. Jetzt hat mich offenbar jemand angezeigt. Wie sollen wir uns verhalten? Können Sie uns helfen.«

»Ich mache mich sofort auf den Weg, es wird ca. 30 Minuten dauern, bis ich da bin. Verhaltet euch ruhig. Haben sie euch einen Durchsuchungsbefehl gezeigt und auf euer Schweigerecht hingewiesen?« antwortete Manfred Schmidt.

»Den Befehl haben wir gesehen, aber von Schweigerecht haben sie nichts gesagt«, schaltete sich Florians Vater in das Gespräch ein.

»Dann sagt bitte keinesfalls etwas zur Sache. Prüft ob im Durchsuchungsbeschluss auch ein Beschlagnahmebeschluss drin steht. Wenn das nicht der Fall ist, dürfen die Beamten im Falle einer Verweigerung von eurer Seite nichts mitnehmen. Falls der Beschluss dabei steht, gebt den Beamten die gewünschten Unterlagen, wenn sie konkret etwas anfordern. Glaubt mir, sie werden es sonst finden. Das vereinfacht die Suche«, belehrte sie der Anwalt.

»Ok, machen wir - bis gleich«, antwortete Florians Vater.

Der erfahrene Steueranwalt schrieb sich die Adresse der Goldackers auf und ließ sich noch den Fahndungsleiter geben. Er teilte ihm mit, dass sein Mandant keine Aussage machen werde und dass es nicht statthaft sei, ihn weiter zu befragen.

Als Manfred Schmidt eine halbe Stunde später vor Ort war, hatten die Beamten bereits sämtliche Zimmer der Goldackers gründlich durchsucht.

Schnell verschaffte er sich einen Überblick über die Lage und bat Florian und seine Eltern als die gesetzlichen Vertreter die mitgebrachte Vollmacht zu unterschreiben. Selbstbewusst und konstruktiv argumentierte er mit den Beamten. Der Staatsanwalt wollte gleich vor Ort Florian als Beschuldigten und seine Eltern als Zeugen vernehmen. Der Anwalt wies ihn darauf hin, dass Florian und seine Eltern vor einer Aussage das Recht auf ein in Ruhe geführtes Gespräch mit einem Anwalt hätten und dass eine Vernehmung auch erst in ein oder zwei Tagen erfolgen könne.

Florian konnte nur staunen, was der Anwalt nun alles tat. Er ließ sich als erstes die Namen und Dienststellen aller anwesenden Beamten geben. Er erteilte ihnen eine Verwarnung, weil sie Florian und seine Eltern nicht über ihr Recht auf Aussagenverweigerung hingewiesen hatten. Mit Vehemenz bestand er darauf, dass alles bisher Gesagte aufgrund dieser Tatsache nicht verwendet werden dürfe und dies in das Protokoll eingetragen wurde. Weiterhin forderte er, dass alle Unterlagen und Gegenstände, die die Fahnder mitnehmen wollten, von diesen beschlagnahmt werden mussten.

Dazu erklärte er Florian beiläufig: »Das ist eine kleine taktische Notwendigkeit. Wir können anschließend im Falle einer unzulässigen Durchsuchung nur dann Rechtsmittel einlegen, wenn es vorher eine Beschlagnahmung gegeben hat.«

Als nächstes forderte er, dass ein detailliertes Verzeichnis aller beschlagnahmten Unterlagen angefertigt wurde. Als die Fahnder das verweigerten, sagte er stirnrunzelnd: »Sie wissen genau, dass wir nach § 107 StPO ein Recht darauf haben!« Dann erstellte er das Verzeichnis selbst und ließ den Fahndungsleiter unterschreiben.

»Florian, gibt es irgendwelche aktuellen Daten auf deinem Laptop, die du dringend brauchst, um deine Geschäfte fortzuführen?« wollte Manfred Schmidt wissen.

Als Florian verneinte, sagte er zu dem Beamten: »Gut, aber wir erstellen vorsorglich mal eine Liste der ganzen Verzeichnisse. Danach können sie den Laptop versiegeln.«

Die Ruhe und Souveränität, mit der Manfred Schmidt in dieser für ihn so unüberschaubaren Situation agierte, gab Florian neuen Mut. Er hatte jetzt einen Profi an seiner Seite.

»Wenn irgendjemand mich aus diesem Schlamassel befreien kann, dann er«, dachte er. Er war Eduardo und Manfred Schmidt zutiefst dankbar.

Kapitel 18: Was sind Steuern?

Als die Fahnder endlich das Haus der Familie Goldacker verließen, schnauften alle erst einmal durch. Manfred Schmidt war natürlich neugierig, um was es in dieser Sache eigentlich ging.

So erzählte Florian seine Geschichte. Als er geendet hatte, sagte der Steueranwalt: »Wir müssen jetzt eine ganze Menge Faktoren berücksichtigen. Fangen wir mal ganz einfach an: Wie viel Geld hast du denn inzwischen verdient? Gibt es dazu eine Einnahmenüberschußrechnung oder eine BWA?« wollte er als erstes von Florian wissen.

»Was ist das?« fragte Florian zurück. Ungläubig schaute ihn Manfred Schmidt an: »Wie, du führst ein Unternehmen und weißt nicht, was eine Einnahmenüberschußrechnung und eine Betriebswirtschaftliche Auswertung sind?«

Nach einer Pause fuhr er fort: »Aber du hast doch sicherlich irgendwo deine Einnahmen und Ausgaben notiert?«

»Ja, alles Geld, das ich verdient habe, habe ich auch notiert. Allerdings, seit Markus die Geschäfte zu führen begonnen hat, da habe ich nicht mehr alles im Blick«, antwortete Florian.

»Ok, jetzt werden wir mal deinen Fall steuerrechtlich etwas genauer unter die Lupe nehmen.«

»Bevor wir damit loslegen habe ich eine Frage«, unterbrach Florian zum ersten Mal den Steueranwalt.

»Ja?«

»Warum gibt es überhaupt Steuern? Ich meine, mein Unternehmen macht etwas, was offensichtlich vielen Menschen einen Nutzen bietet. Wir sparen ihnen Zeit und ermöglichen ihnen Komfort. Für manche unserer Kunden, z.B. die Älteren, die nicht mehr gehen können, lösen wir ein großes Problem. Warum müssen wir dafür Steuern zahlen, dass wir etwas Gutes tun?« wollte Florian wissen.

Der Anwalt lachte kurz. »Das ist eine sehr gute Frage. Also, es gibt Steuern, damit der Staat seine Ausgaben bestreiten kann, die er im Interesse der Bürger macht. Der Staat fördert das Gemeinwohl aller. Mit dem Geld werden Straßen, Schulen und Kindergärten gebaut. Es wird durch Polizei, Militär und Waffen dafür gesorgt, dass Ordnung herrscht und wir sicher sind. Auch Menschen in Not greift der Staat unter die Arme.«

»Ok, das sind natürlich alles wichtige Punkte. Dann trage ich gerne bereitwillig meinen Teil dazu bei«, antwortete Florian.

Bei diesen Worten lachte sein Vater kurz auf und auch der Steueranwalt konnte sich ein Schmunzeln nicht verkneifen. Sein Vater sagte: »Florian, ich finde es toll, dass du so denkst, aber warte erst einmal ab, bis du erfährst, wie hoch die Steuern sind.«

»Naja, ich denke, die Regierung wird sich schon überlegt haben, wie sie ein gerechtes Steuersystem gestaltet und sie können ja rechnen und wissen, dass sie nur einen Teil von dem Geld an Steuern bekommen können, das ich tatsächlich verdient habe. Oder?« fragte Florian.

»Nun, das werden wir noch sehen«, antwortete der Steueranwalt. »In der Praxis ist es manchmal deutlich komplizierter. Es gibt nämlich verschiedene Steuerarten und nicht alle berücksichtigen das, was dir tatsächlich geblieben ist.«

Nach einer Pause fuhr er fort: »Die Einkommensteuer steigt mit der Höhe deiner Einnahmen an, und zwar nicht nur prozentual sondern progressiv. Das bedeutet, dass der Prozentsatz mit zunehmenden Einkommen ansteigt. Die Gewerbesteuer war bis 2008 nach der Höhe der Gewinne gestaffelt, inzwischen ist der Satz aber genauso wie der der Lohnsteuer und der Umsatzsteuer gleichbleibend – lediglich der unterschiedliche Hebesatz der Gemeinde verändert die

Höhe der Gewerbesteuer. Wir werden uns gleich ansehen, wie sich das in deinem Fall gestaltet.«

»Der schwedischen Regierung ist es 1976 durch schwer durchschaubare Maßnahmen gelungen, für gut verdienende Mitbürger eine Steuerlast von mehr als 102% auf das gesamte Einkommen zu zaubern. Bis dahin waren die treuen Steuerzahler so an die 80% gewöhnt. Eine, die meinte, 102% seien vielleicht doch etwas viel, war die berühmte Kinderbuchautorin Astrid Lindgren«, ergänzte Herr Goldacker.

»Was? 102%«, schrie Florian auf, »das ist ja mehr als das, was sie überhaupt verdient hat.«

»Stimmt genau. In Deutschland sind unsere Einkommenssteuern nicht ganz so hoch, aber doch so, dass ein Großteil der Einnahmen dem Staat gezahlt werden muss. Für die Reichen beträgt die Einkommenssteuer aktuell 45%. Sie war aber in der Vergangenheit auch noch höher«, ergänzte Manfred Schmidt.

»Kann der Staat sich denn das Geld einfach von den Leuten nehmen? Ist das nicht Diebstahl?« wollte Florian wissen.

»Manche sehen das in der Tat so. Für sie sind Steuern Zwangsabgaben ohne Gegenleistung. Sie versuchen daher Strategien anzuwenden, um ihr Geld zu schützen und möglichst wenig Steuern zu bezahlen«, erklärte Manfred Schmidt.

»Was passiert, wenn sich jemand weigert seine Steuern zu bezahlen«, wollte Florian wissen.

»Es kommt in der Tat vor, dass Menschen sich weigern, ihre Steuern zu bezahlen. Manche führen dafür sogar Gewissensgründe an. Sie wollen z.B. mit ihrem Geld keine Kriegseinsätze finanzieren oder ähnliches. Das ist in Deutschland aber nicht erlaubt und wird bestraft.«

»Aber wie ist es, wenn jemand seine Steuern bezahlen möchte, aber gar nicht genug Geld hat, um sie zu bezahlen?« wollte Florian als nächstes wissen.

»Als erstes kann man dem Finanzamt eine Ratenzahlung anbieten. Wenn diese nicht gewährt wird, dann kommt eine Vollstreckungsandrohung und dann wird gegebenenfalls ein Gerichtsvollzieher eingesetzt, der alles, was wertvoll ist, pfändet. Im äußersten Fall verlangt das Finanzamt eine Eidesstaatliche Versicherung. Das bedeutet, dass man seine gesamte Vermögenssituation offen legen muss. Tut man dies nicht, kann man im Knast landen. Für einen Gewerbetreibenden, der seine Steuern nicht zahlt, besteht noch eine weitere Gefahr: Ihm kann sein Gewerbe untersagt werden. Das ist für die meisten sehr abschreckend.«

So ging es noch ein paar Minuten weiter. Florian war richtig neugierig geworden. Er wollte so viel wie möglich über Steuern erfahren und fragte seinem Vater und Herrn Schmidt noch viele Löcher in den Bauch.

Kapitel 19: Verschiedene Steuerarten

»Lasst uns nun bitte mal wieder zu deinem konkreten Fall zurückkommen und ihn nach den verschiedenen Steuerarten betrachten«, fuhr der Steueranwalt fort.

»Da ist zum einen die Einkommensteuer. Diese richtet sich nach der Höhe des tatsächlichen Einkommens. In deinem Fall reden wir über gewerbliche Einkünfte. Dein Einkommen ist das, was dir von deinem Umsatz übrig geblieben ist, nachdem du deine Ausgaben z.B. für Fahrradanhänger abgezogen hast. Bei einem Umsatz von mehr als 600.000 Euro und einem Gewinn von mehr als 60.000 Euro kann dich das Finanzamt dazu auffordern deinen Gewinn durch eine Bilanz zu ermitteln. Wie viel Geld ist dir denn ungefähr nach Abzug aller Ausgaben geblieben?«

»Oh, da ist eigentlich erst in den letzten Monaten so richtig was übrig geblieben, weil ich das meiste ja immer wieder investieren musste, vor allem in Fahrradanhänger«, antwortete Florian.

»Wie viel sind es ganz konkret?«

»Also, ich habe insgesamt 16.274 Euro persönlich eingenommen und 3.440 Euro ausgegeben. Damit bleiben mir ungefähr 12.834 Euro als Gewinn«, antwortete Florian.

»Damit bist du über dem Freibetrag von 8.652 Euro"«, dachte Manfred Schmidt laut.

»Über dem was?« wollte Florian wissen.

»Über dem Freibetrag. Dieser Grundfreibetrag verändert sich alle paar Jahre leicht. Wenn Du weniger als diese Summe verdient hättest, wärest du komplett Einkommensteuerfrei und müsstest gar keine Einkommensteuer bezahlen. Du liegst da nicht viel drüber. Daher macht die Einkommensteuer bei dir wohl nur ungefähr 750 Euro aus«, berechnete der Steueranwalt schnell im Kopf.

Florian atmete erleichtert auf.

»Das gilt allerdings nur, sofern du für alle Ausgaben auch Belege hast und somit nachweisen kannst, dass du das Geld tatsächlich ausgegeben hast«, meinte Manfred Schmidt.

»Für die Internetbestellungen der Anhänger habe ich das. Für die auf dem Flohmarkt gekauften Anhänger gibt es keinen Beleg.«

»Du kannst auch Eigenbelege schreiben, aber meistens schätzt das Finanzamt dich dann zu deinen Ungunsten.«

Dann fuhr er fort: »In Bezug auf die Umsatzsteuer wärst du dann auch befreit. Hier gibt es die Kleinunternehmerregelung, danach brauchst du keine Umsatzsteuer abzuführen, wenn der Umsatz zuzüglich der darauf entfallenden Steuer im vorangegangenen Kalenderjahr 17.500 Euro nicht übersteigt.«

»Das tut es bei mir ja nicht«, warf Florian ein.

»Das hängt ganz davon ab, wie man deinen Fall auslegt. Bis jetzt hast du nur Einnahmen gerechnet, die dir übergeben wurden. Wenn man den ganzen Einkaufsservice als dein Unternehmen sieht, dann hast du eine ganz andere Summe bereits eingenommen. Hast du eine Idee, wie viel Geld deine Fahrer bisher in die Hand gedrückt bekommen haben?«

Da musste Florian passen. Er dachte einen Moment nach, dann sagte er: »Allein im Dezember waren es 200.000 Euro und im November mindestens 130.000 Euro. Alles in allem bestimmt über 500.000 Euro.«

»Was ist denn mit den Ausgaben im Supermarkt und für deine Fahrer. Hast du dafür Belege?« fragte der Steueranwalt.

»Äh, nein, nur für die Einkäufe, die ich selbst getätigt habe«, sagte Florian ernüchtert.

»Das könnte sich unter Umständen sehr schlecht auswirken. Eine zentrale Frage in deinem Fall wird außerdem sein, ob dein Umsatz das gesamte Geld ist, was dir oder einem der Schüler in die Hand gedrückt wurde, oder nur die Summe, die ihr tatsächlich als Provision verdient habt. Das wären dann nach deiner Rechnung 10% von 500.000 = 50.000 Euro. Wenn der Staatsanwalt es auf dich abgesehen hat, dann wird er dir genau das unterstellen. Dein Umsatz ist dann die Gesamtsumme, die du bisher eingenommen hast.«

»Oh, Gott. Der Staatsanwalt ist der Onkel von Thomas Ewald. Natürlich hat er es auf mich abgesehen. Was könnte denn dann schlimmstenfalls passieren?« fragte Florian schockiert.

»Also, lass uns das noch mal grob nachrechnen. Wenn aktuell 40 Jugendliche für dich arbeiten und sie alle kaufen für 10 Kunden ein, die jede Woche 100 Euro im Durchschnitt ausgeben. Dann sind das in einer Woche 40 x 10 x 100 = 40.000 Euro Umsatz. Da sie das schon seit mehreren Wochen tun, auch wenn es vorher weniger Jugendliche waren, kommen wir hier schon auf ein paar hunderttausend Euro. Bleiben wir einfach mal bei den bisher geschätzten 500.000 Euro, die ihr eingenommen habt. Wenn es dazu keine Ausgabenbelege gibt, dann betragen allein die Einkommensteuern hierfür bereits über 200.000 Euro. Aber das ist noch längst nicht alles. Wenn das tatsächlich dein Umsatz ist, dann müsstest du darauf auch noch die Umsatzsteuer in Hohe von 19% abführen. Das sind auch nochmal fast 100.000 Euro«, rechnete der Steueranwalt vor.

Florian war ganz blass geworden. »Aber das ist doch viel mehr Geld, als das, was ich tatsächlich bekommen habe. Das kann doch nicht wahr sein!« meinte Florian.

»Nun, wir werden alles tun, um das zu vermeiden. Aber lass uns mal von der ungünstigsten Betrachtungsweise ausgehen, die möglich ist. Wir haben noch gar nicht alle Steuerarten durch.«

»Wie? Noch mehr Steuern?« fragte Florian ganz entsetzt.

»Ja, da gibt es noch die Gewerbe- und die Lohnsteuer mit den ganzen weiteren Abgaben. Lass uns mal einen Blick auf die Gewerbesteuer werfen. Die Gewerbesteuer fließt den Gemeinden zu. Nachdem das Finanzamt den Gewinn nach der Einkommensteuer bestimmt hat, ermittelt es den sogenannten Steuermessbetrag. Dieser ist dann die Grundlage für den Gewerbesteuerbescheid der Gemeinde. In deinem Fall berechnet sich die Gewerbesteuer etwa wie folgt: Gewinn abzüglich des Freibetrages x 3,5% x dem Hebesatz der Gemeinde. In unserer Gemeinde ist der Hebesatz 360%. Das würde dann ergeben: (500.000 Euro – 24.500 Euro) x 3,5% x 360% = 59.913 Euro.

Florian konnte gar nichts mehr sagen. Er war einfach nur fassungslos, wie viele Steuern abzuführen waren.

Schauen wir uns jetzt noch die Lohnsteuer genauer an. Wenn deine Fahrer tatsächlich Mitarbeiter von dir sind, dann muss auf alles, was du ihnen bezahlt hast, noch die Lohnsteuer mit Sozialabgaben abgeführt werden. In deinem Fall gibt es hier eine Besonderheit, nämlich dass deine Mitarbeiter nur geringfügig beschäftigt sind. Sie machen das ja nicht in Vollzeit und erzielen dadurch nur eine relativ kleine Summe. Wenn ich dich richtig verstanden habe, dann bekommen alle bis auf die Geschäftsführer nur etwa 200 Euro im Monat. Damit haben sie einen Minijob und bleiben unter der 450-Euro-Grenze. Das bedeutet, dass du für sie eine Pauschalabgabe in Höhe von 35% abführen musst. 35% von 200 Euro sind etwa 70 Euro pro Monat pro Person. Bei 40 Fahrern macht das pro Monat ca. 2.800 Euro aus. Über die ganze Zeit sind das also auch noch mal geschätzt 10.000 Euro und die Abgaben für die Manager kommen da noch dazu.«

Florian war ganz schlecht geworden. Das konnte doch alles nicht wahr sein. Nachdem er die Party gegeben hatte, waren nur 11.000 Euro übrig geblieben, bevor die Steuerfahnder sie beschlagnahmt hatten. Jetzt sollte er 200.000 Euro Einkommensteuer, 100.000 Euro Umsatzsteuer, 60.000

Euro Gewerbesteuer sowie 10.000 Euro Pauschalabgaben und Lohnsteuer bezahlen. Das war doch nicht möglich.

»Und was können wir dagegen tun?« fragte er Manfred Schmidt.

»Nun, das ist mal der schlimmste Fall. Jetzt gilt es zu überlegen, wie wir das anders darstellen können. Wie sieht es denn aus: Hast du mit irgendjemand schriftliche Verträge gemacht, über die wir noch nicht gesprochen haben?« wollte Manfred Schmidt weiter wissen.

Florian verneinte.

»Das ist schon mal sehr gut, denn dann haben wir deutlich mehr Gestaltungsspielraum. Zwar zählt auch schon das gesprochene Wort, aber da können wir sicher noch mehr drehen. Die Frage ist nämlich, ob die Schüler wirklich bei dir angestellt sind oder ob sie nicht vielleicht sogar selbständig tätig sind.«

»Was wäre der Vorteil davon?« wollte Florian wissen.

»Na, dann müsstest du keine Lohnsteuer und Pauschalabgaben für sie zahlen«, antwortete Manfred.

»Und müssten sie dann dafür aufkommen?« wollte Florian weiter wissen.

»Nein, sie bleiben unter dem Freibetrag, wenn sie nicht woanders noch viel mehr Geld verdienen.«

»Also, wenn wir das so darstellen, als wären sie selbständig, dann muss ich keine Steuern für sie zahlen. So einfach kann man Steuern sparen?« hakte Florian nach.

»Ja, man muss sich halt nur mit den Steuergesetzen auskennen und von Anfang an alles richtig machen. Im Zweifelsfall könnten wir das auch von der Clearingstelle der Deutschen Rentenversicherung klären lassen, wenn wir ganz sicher gehen wollen.«

Hoffnung keimte in Florian auf.

Kapitel 20: Der treue Markus

»Wenn du keine Ausgabenbelege für den Supermarkt hast, dann kannst du nicht nachweisen, dass du das Geld tatsächlich ausgegeben hast. In diesem Fall wird dich das Finanzamt zu deinen Ungunsten schätzen. Vielleicht haben ja deine Geschäftsführer die Belege aufgehoben«, sagte der Steueranwalt.

»Daran hatte ich leider nicht gedacht und folglich beim Einlernen von Markus damals nicht darauf geachtet«, fiel Florian dazu ein.

»Wir werden ihn trotzdem mal dazu fragen. Vielleicht werden die Steuerfahnder auch ihn aufs Korn nehmen«, ergänzte Manfred Schmidt.

Florian probierte gleich Markus zu erreichen, aber der meldete sich nicht. So viel er wusste, war Markus in den Weihnachtsferien nicht weg gefahren. Seine Familie leistete sich in der Regel keinen Urlaub.

»Eine kritische Frage in deinem Fall ist, ob der Umsatz die Summe der Gelder ist, die alle Schüler von den Kunden kassiert haben oder ob nur die Provisionen als Umsätze zu betrachten sind und die restliche Einkaufssumme nur verwaltet wurde. Die Gesamtumsatzsumme wäre zehnmal so groß wie eure Provisionen. Wir müssten belegen, dass ihr das Geld für die Kunden nur verwaltet habt, um in ihrem Auftrag einzukaufen«, meinte der Steueranwalt.

»Das können wir!« warf Florian ein. »Wir haben von jedem Kunden eine schriftliche Erklärung, dass wir in seinem Auftrag einkaufen. Das war notwendig, um überhaupt mit solchen Summen einkaufen gehen zu können. Der Taschengeldparagraph hätte das sonst verhindert.«

»Das ist doch schon mal eine großartige Neuigkeit. Die Umsatzsteuer würde sich damit nämlich erheblich reduzieren. Wenn wir es dann noch hinbekommen, dass jeder

Schüler seine Umsätze selbst zu verantworten hätte, dann würde für dich die schon angesprochene Kleinunternehmerregelung gelten, da du unter 17.500 Euro Umsatz geblieben bist. Wie du siehst, hängt es von der jeweiligen Sichtweise ab, ob du jetzt einige hunderttausend, zehntausend oder nur tausend Euros zahlen musst«, bestätigte Manfred Schmidt.

In diesem Moment klingelte das Telefon. Es war Markus, der wieder zu Hause war und nun zurückrief. Florian erklärte ihm schnell die Situation.

»Doch, ich habe alle Belege aufgehoben, von mir selbst, von Pams Truppe und auch von allen anderen. Ich habe genaue Aufzeichnungen für jeden einzelnen Betrag, den jemand in diesem Unternehmen bekommen hat«, unterbrach ihn Markus.

»Was?« Florian konnte es nicht fassen. »Du bist Gold wert. Danke!«

»Ich kann ja nach dem Mittagessen vorbeikommen und dir die Belege ausleihen«, schlug Markus vor.

Florian fiel ein großer Stein vom Herzen. Er bedankte sich und legte auf. Damit war das größte Problem, die Einkommensteuer gebannt. Für die größten Ausgabeposten, die Waren im Supermarkt gab es Belege. Ungeklärt waren noch die Pauschalabgaben für die Mitarbeiter. Aber wenn man sie als Selbständige betrachtete, dann waren das gar keine Ausgaben. Sie hatten sich selbst etwas erarbeitet und einen Teil davon an Florian und das Management, den jeweiligen Geschäftsführer, abgeführt. Die Frage war nur, warum sie das hätten tun sollen. Florian stellte diese Frage Manfred Schmidt, der ihn aufklärte.

»Das könnten Lizenzgebühren dafür sein, dass sie dein System benutzen. Er könnten auch Leihgebühren für die Anhänger sein oder Gebietsrechte für selbständige Handelsvertreter. Das ganze erinnert mich ein wenig an ein Franchise-Unternehmen.«

Florian verstand das nicht so ganz, aber er wusste, wenn sie damit durchkämen, hatte er keine hohe Steuerzahlung zu erwarten. Seine eigenen Einnahmen lagen nur knapp über dem Freibetrag, die Lohnkosten würden entfallen und in Bezug auf die Umsatzsteuer konnte er die Kleinunternehmerregelung für sich geltend machen.

Wenn sie nicht damit durchkämen und alle 10%-Einnahmen auf Florian entfielen, dann blieben noch die Umsatzsteuern und die Pauschalabgaben als größte Probleme.

Bei der Umsatzsteuer müsste er auf alles, was sein Team eingenommen hatte, insgesamt mehr als 50.000 Euro, eine Mehrwertsteuer von 19% entrichten. Das wären dann Steuern in Höhe von etwa 9.500 Euro. Das war immer noch verdammt viel. Florian dröhnte der Kopf. Er würde noch einmal alles Besprochene in Ruhe durchdenken und dann weiter sehen.

Als am Nachmittag Markus vorbei kam, um die Quittungen aus dem Supermarkt zu bringen, fiel ihm Florian glücklich um den Hals. Natürlich musste er den genauen Tathergang noch einmal berichten.

»Und was bedeutet das jetzt steuerlich für mich?« fragte Markus als Florian geendet hatte.

Dieser hatte daran bisher noch gar nicht gedacht. Es gab ja noch Leute in seiner Organisation, die mehr als 450 Euro im Monat verdienten und folglich nicht unter die Pauschalabgaberegelung fielen. Das musste also auch noch geklärt werden.

Am Abend telefonierte er mit Nela und berichtet ihr von diesem aufregenden Tag. Dabei war Nela am anderen Ende der Leitung ganz ruhig. Schließlich sagte sie: »Also das war es.«

»Was meinst Du?« fragte Florian.

»Ich hatte vor einiger Zeit einen Traum. Wir waren in einem Boot und dann kamen hohe Wellen und haben dich aus dem Boot in einen Strudel gerissen. Am Ende hat uns Thomas Ewald ausgelacht. Ich wette, er steckt dahinter.«

»Warum hast du mir nicht früher davon erzählt?« fragte Florian.

»Ich dachte nicht, dass es wichtig sei. Es war nur ein Traum. Jetzt sehe ich, dass es eine böse Vorahnung war. Du, Florian, ich mache mir Sorgen um dich. Hoffentlich geht das gut vorüber. Ich liebe dich!« mit diesen Worten legte sie auf.

Kapitel 21: Abendessen bei Familie Ewald

Bei Familie Ewald fand an diesem Abend eine kleine Feier statt. Der Vater von Thomas Ewald hatte Geburtstag und zum Abendessen waren alle Familienmitglieder, die in der näheren Umgebung wohnten, eingeladen. Wie so oft bei den Ewalds entspannten sich Gespräche über aktuelle Neuigkeiten und irgendwann ging nach zwei Gläsern Rotwein die Runde auch an den Herrn Staatsanwalt, der aufgefordert wurde, über seine aktuellen Fälle zu berichten.

»Natürlich darf ich euch keine Namen nennen, aber heute haben wir wieder eine Hausdurchsuchung gemacht. Ihr könnt euch gar nicht vorstellen, wie dumm diese Familie aus der Wäsche geguckt hat. Um 6:00 Uhr sind wir da reinmarschiert und haben Computer, Bargeld und Unterlagen beschlagnahmt. Sie haben sich zwar viel Mühe gegeben, dass wir nichts finden, aber wir haben zusätzlich zur Durchsuchung jede Menge Zeugen befragt. Es geht um einen Jungen, der meint, er wäre ein Unternehmer und könnte hier einfach an uns vorbei sich eine Menge Geld in die eigene Tasche stecken. Aber dem werde ich es schon austreiben. Wenn ich mit ihm fertig bin, wird er sich lieber einen Ferienjob suchen. Prost!« mit diesen Worten hob der Staatsanwalt sein Glas und stieß mit dem Geburtstagskind an.

Thomas Ewald wusste natürlich sofort, von wem die Rede war. Er hatte sich gefragt, wann die Steuerfahndung auf seine anonyme Anzeige reagieren würde. Mit einem solchen Auftritt hatte er jedoch nicht gerechnet. Das war ja noch viel besser als er zu träumen gewagt hätte. Innerlich jubilierte er.

»Wird er ins Gefängnis kommen?« fragte er seinen Onkel.

»Nein, das nicht. Aber es könnte ihn teuer zu stehen kommen. So wie es aussieht, hat er keine Ahnung von unserem Steuerrecht. Das Lehrgeld wird so hoch sein, dass er pleite sein wird und nie wieder Lust auf ein neues Unternehmen hat«, antwortete der Staatsanwalt.

Genugtuung machte sich in Thomas breit. Am liebsten hätte er jede Einzelheit über den Fall gewusst. »Bestimmt hat er sich vor Angst in die Hosen gemacht, als ihr aufgetaucht seid!« sagte er fragend zu seinem Onkel.

»Oh ja, er und seine Eltern waren völlig durch den Wind. Ich hatte ihn schon fast soweit ein paar unkluge Sachen zu sagen, die uns das Verfahren deutlich erleichtert hätten, als plötzlich sein Anwalt auftauchte. Der hat das nicht zum ersten Mal gemacht. Tja, dann werde ich ihn eben bei der Anhörung dran bekommen. Die Anfänger machen da immer dumme Fehler und verplappern sich.«

Danach verlagerte sich das Gespräch in eine andere Richtung. Thomas erzählte seinem Onkel von seiner Ausbildung zum Mechatroniker und schließlich verabschiedeten sich alle Gäste und gingen nach Hause.

Thomas lag noch lange wach. Er strahlte über das ganze Gesicht. Immer wieder malte er sich die Szene aus, wie die Beamten Florian geweckt und eingeschüchtert hatten. Er kostete diesen Triumph in vollen Zügen aus und schlief irgendwann erfüllt von Schadenfreude ein.

Kapitel 22: Die Anhörung

Für den nächsten Tag waren Florian und seine Eltern zur Anhörung vorgeladen worden. Manfred Schmidt war auch dabei. Er war zuvor mit Florian noch einmal alles durchgegangen. Man hatte sich darauf verständigt, dass Florian von seinem Aussagenverweigerungsrecht nach § 136 Abs. 1 S.2 StPO Gebrauch machen sollte und der erfahrene Steueranwalt das Reden übernehmen würde.

Der Staatsanwalt eröffnete und wies darauf hin, dass hier zweifelsfrei ein schwerer Steuerbetrug vorgefallen sei. Nach den Ermittlungen der Beamten und Befragung einiger Kunden des Einkaufsservice sei klar erwiesen, dass hier dem Finanzamt eine größere Summe an Steuern vorenthalten worden sei. Er schätze die Summe der Einnahmen von Florian auf 550.000 Euro und wolle dementsprechend die zu entrichtenden Steuern festsetzen.

Als nächstes war Manfred Schmidt dran. Er legte dar, wie der Einkaufsservice entstanden sei und dass die Schüler das Geld ihrer Kunden für den Einkauf nur verwaltet hatten und es also nicht um 550.000 Euro sondern maximal um die 10% ging, die an Provision für die Dienstleistung der Schüler bezahlt worden sei. Zum Beweis legte er den Ordner mit den Vollmachten der Kunden vor, den Markus Florian am Nachmittag des Vortages zusammen mit den Quittungen gegeben hatte.

Der Staatsanwalt prüfte die Unterlagen sehr genau als zweifle er an dessen Echtheit. Dann sagte er: »Nun gut, aber woher wissen wir denn, dass nicht mehr als 10% abgerechnet worden sind. Solange keine Nachweise über die tatsächlichen Ausgaben im Supermarkt vorlägen, müssten diese geschätzt werden. Vielleicht haben die Schüler ja 15% kassiert und nicht nur 10%.«

Florian schluckte. Wie leichtfertig der Staatsanwalt eine solche Summe in den Mund nahm. Wenn er tatsächlich von dieser Annahme ausgehen würde, dann müsste Florian Steuern auf 27.500 Euro bezahlen, die er nicht mal gesehen hatte.

Erneut antwortete Manfred Schmidt: »Herr Staatsanwalt. Wir haben hier lückenlos sämtliche Quittungen aus den betreffenden Supermärkten. Damit können wir unsere Ausgaben zweifelsfrei belegen. Außerdem haben wir ihnen eine Liste der tatsächlichen Einnahmen von den Kunden beigefügt. Daraus geht hervor, dass es um eine viel geringere Summe geht. Mein Mandant hat übrigens in der ganzen Zeit einen Gewinn von nur 12.000 Euro gemacht. Eine Summe, wegen der wir hier eigentlich gar nicht zusammenkommen sollten.«

»Das überlassen Sie mal bitte schön uns. Wir beurteilen, wann es sich lohnt und wann nicht. Ihr Mandant hat also Umsätze in Höhe von 55.000 Euro mit seinem Dienstleistungsunternehmen erzielt. Da es hierfür keine Ausgabenbelege gibt, werden wir diese als zu versteuernden Gewinn festlegen.«

»Moment!« fuhr Manfred Schmidt dazwischen. »Diese Umsätze wurden nicht durch meinen Mandanten erzielt.«

»Sondern?« fragte der Staatsanwalt.

»Durch meine Mitarbeiter«, platze es aus Florian heraus, was ihm einen bösen Blick von Manfred Schmidt einbrachte.

»Vielen Dank«, sagte der Staatsanwalt mit einem Grinsen im Gesicht. »Du gibst also zu, dass du Mitarbeiter beschäftigt hast?«

»Nein, das tut er nicht«, beharrte Manfred Schmidt. »Er meint damit seine Kooperationspartner, die selbständig Einkaufskunden betreuen und an meinen Mandanten eine Lizenzgebühr für sein Konzept und die Kundenvermittlung abführen.«

»Netter Trick, Herr Kollege. Natürlich sind das Mitarbeiter und keine Selbständigen. Das sind doch alles noch Schüler. Sie agieren auf Weisung von Florian Goldacker und er verdient sich an ihnen ein goldenes Näschen.« Bei diesen Worten schmunzelte der Staatsanwalt, als hätte er einen guten Witz gemacht.

Florian schluckte. Er hätte die Klappe halten sollen. Durch seinen blöden Zwischenruf hatte er dem Staatsanwalt voll in die Hände gespielt.

»Wir werden eine Schätzung der fälligen Lohnsteuer und Abgaben aufgrund Ihrer Unterlagen vornehmen. Außerdem ist selbstverständlich eine Umsatzsteuer in Höhe von 19% auf die erzielten Umsätze fällig. Haben Sie noch etwas dazu anzumerken?«

»Ich werde mich persönlich um die künftige Entwicklung des Unternehmens kümmern und ein Auge darauf haben, dass in Zukunft die Steuererklärung rechtzeitig und ordnungsgemäß eingereicht wird«, sagte Manfred Schmidt.

»Gut. Sie bekommen dann den Steuerfahndungsbericht und danach die Aufforderung zur Zahlung der entsprechenden Steuern. Ich werde mich persönlich dafür einsetzen, dass es etwas schneller geht als sonst. Wenn ihr dann gezahlt habt, schauen wir wie es weiter geht. Ich werde mir dann überlegen, ob ich dich, Florian, anklagen oder einen Strafbefehl erlassen werde«, mit diesen Worten beendete der Staatsanwalt die Anhörung.

Florian schaute resigniert auf diesen Mann, der sich bemühte, einen seriösen Eindruck zu machen und Gesetze einzuhalten, die offensichtlich nur ein Missverständnis sein konnten. Florian war klar, was das für ihn bedeutete: Er musste eine Menge Geld zahlen. Wie viel genau, das würde sich zeigen. Wenn er Pech hatte, hängte ihm der Staatsanwalt noch ein Strafverfahren an den Hals.

Kapitel 23: Besuch von Nela

»Und was machen wir jetzt?« wollte Florian von seinem Anwalt wissen.

»Als erstes schnaufen wir mal tief durch. Morgen berechnen wir, wie hoch die Summe wirklich ist. Dann überlegen wir, was sonst noch zu tun ist«, antwortete Manfred Schmidt, dem Florians Schicksal offenbar sehr nahe ging.

Den Nachmittag verbrachte Florian mit Trübsal blasen in seinem Zimmer. Das konnte doch alles nicht wahr sein. Er hatte sich angestrengt, hatte ein Unternehmen aufgebaut und jetzt nahm ihm der Staat alles wieder weg und schlimmer noch, er würde mit einer hohen Summe verschuldet sein. Man würde ihm alles wegnehmen und, wenn er Pech hatte, auch seinen Eltern. Vielleicht mussten sie ihr Haus verkaufen, wenn sie nicht woanders das Geld herbekommen würden.

Wenn man ihm seine Firma wegnahm, wie sollte er dann noch Geld verdienen, um es zurück zu zahlen. Diese und ähnliche Gedanken geisterten durch seinen Kopf in einem endlosen blitzschnellen Wirrwarr. Immer wieder hielt er inne und sagte: »Das gibt es doch gar nicht. So ein blöder Mist!«

Manchmal wünschte er sich, er hätte gar nicht erst angefangen mit dem Geldverdienen. Am besten hätte er einfach sein Schicksal akzeptiert und hätte gar nicht erst versucht, das Geld für das Fußball-Talente-Camp aufzutreiben. Dann wäre er auch jetzt nicht in dieser miserablen Situation.

Vor ein paar Tagen noch, an seinem 15. Geburtstag, war er auf dem Höhepunkt seines Lebens gewesen. Er hatte Anerkennung, hatte Geld, hatte Nela und jetzt war er plötzlich am Boden. Wie es die Menschen so oft in solchen Situationen tun, neigte auch er dazu, alles schwarz zu malen. Auf einmal war die ganze Welt gegen ihn und nicht nur ein Staatsanwalt.

Dieser Gedanke verstärkte nur weiter seinen Frust. Der Staatsanwalt repräsentierte den Staat, also alle. Offenbar wollte die Gesellschaft nicht, dass er weiterhin seine Kunden von den Schülern beliefern ließ. Die Welt brauchte offenbar ihn und seinen Einkaufsservice nicht. Bedeutungslosigkeit machte sich in ihm breit. Das alles war gemein. Bei diesem Gedanken fiel ihm Thomas Ewald ein. Ob der sich jetzt wohl insgeheim ins Fäustchen lachte. Ob er sich wohl freute, über die Demütigung, die Florian widerfahren war. Ach, wäre doch jetzt Eduardo da. Er wüsste sicher Rat. Was sollte er nur tun?

In diesem Moment hörte Florian die Türklingel. Nela kam zu Besuch. Als er sie in sein Zimmer treten sah, schlug sein Herz schneller. Sie hatte sich richtig herausgeputzt, die roten Haare zu zwei Zöpfen gebunden und trug eine enge Jeans. Ihre Augen funkelten wie zwei Diamanten. Sie sah verführerisch aus. Ja, das war seine große Liebe.

Nela ging auf Florian zu und nahm ihn erst einmal in den Arm. Dann küssten sie sich zärtlich und sie hauchte ihm ins Ohr: »Ich liebe dich. Du bist mein Held ... wir schaffen das!«

Die Worte flößten Florian neue Kraft ein, aber der Frust saß einfach zu tief. Als er ihr erzählte, was am Vormittag alles passiert war, standen ihm Tränen in den Augen. Er erzählte davon, wie er sich mit ihr in der Zukunft gesehen hatte, wie sie die Welt auf Reisen entdeckten und was er mit ihr alles hatte anstellen wollen und dass nun der Traum zu Ende sei, denn man würde ihm verbieten, die Firma weiter zu führen, weil er seine Schulden nicht bezahlen konnte und dass alles ganz furchtbar hoffnungslos sei.

Nela hörte ihm geduldig zu. Dann sagte sie: »Mir ist es ganz egal, ob du arm oder reich bist. Für mich zählen dein Herz, dein Mut und deine Liebe zu mir. Wenn es mit der Firma nicht sein soll, dann soll es nicht sein, aber ich werde zu dir halten, egal wohin du gehst. Der Traum mit Thomas

Ewald hat mir gezeigt, dass wir zusammen gehören und nichts kann uns trennen.«

Dann küsste sie ihn und ließ dabei ihre Zunge in seinen Mund gleiten. Zärtlich berührten sich die beiden Zungen und sie presste ihren Körper gegen seinen, was ihn sehr in Aufregung versetzte. Sie drängte ihn auf sein Bett und dann wälzten sie sich darin wie zwei miteinander spielende Raubtiere. Dabei blieb für Florian keine Zeit mehr, an irgendetwas anderes zu denken. Nela nahm alle seine Sinne in Beschlag. Er spürte sie, ihren Körper, ihre Lippen, ihre Hände. Er hörte ihre Stimme, die ihm immer wieder schöne Dinge ins Ohr flüsterte, er roch ihren Duft. Sie hatte ein dezentes, verführerisches Parfüm aufgelegt. Ihre Augen strahlten ihn an und er schmeckte ihre Zunge. Wie im Sinnesrausch verbrachten sie die nächste Stunde damit wild rumzuknutschen und die Zeit um sie herum zu vergessen.

»So, mein Held. Du hast nun einen Vorgeschmack darauf, was für ein Mädchen du dir an Land gezogen hast. Es gibt aber eine Sache, die ich nicht ausstehen kann. Und das ist ein Held, der dauernd jammert und sich selbst bemitleidet. Ich möchte, dass du nun hinaus gehst in die Welt und ihr zeigst, dass man so etwas mit dir nicht macht, dass du aus einem anderen Material geschnitzt bist als die üblichen Weicheier, die schon beim ersten Gegenwind aufgeben. Ich habe dich als meinen Freund ausgewählt, weil du ein starkes Herz hast und den Mut besitzt, es auch einzusetzen. Das habe ich gleich gespürt. Zeige denen da draußen, wozu du in der Lage bist. Nichts ist verloren, solange du nicht aufgibst. Gemeinsam werden wir alles schaffen, was wir uns erträumen!"

Florian war wie neu beseelt. Nela war eine Motivationskünstlerin. Sie war heiß. Sie war sexy. Florian verzehrte sich nach ihr mit jeder Faser seines Körpers. In der letzten Stunde hatte sie ihn in Brand gesteckt. Er hatte eine neue Seite von seinem Mädchen kennengelernt. Er würde alles tun, was in seiner Macht stünde. Er würde seine Gewinne verdoppeln, verzehnfachen, verhundertfachen. Er wollte seiner Nela Königreiche zu Füßen legen. Es war ein neues Gefühl für ihn. Euphorie sprudelte durch seinen Körper. Florian war von Kopf bis Fuß von neuem Selbstvertrauen erfüllt. Er war voller Tatendrang. Er schaute Nela tief in die wunderschönen Augen.

Dann sagte er: »Du bist das Kostbarste, das es auf diesem Planeten gibt! Danke, dass es dich gibt!«

Nela lächelte ihn zärtlich an. Sie spürte Florians Entschlossenheit und sie wusste, dass er der Junge war, nach dem sie sich immer gesehnt hatte. Gleichzeitig war sie auch ein wenig stolz auf sich. Sie wusste, dass sie Florian zu gigantischen Höhenflügen animieren konnte, wann immer sie das wollte. Und sie hatte sich in den Kopf gesetzt, ihn gehörig zu verzaubern.

Kapitel 24: Brutto und Netto

Nachdem Nela gegangen war, setzte sich Florian hin, um einen Plan auszuarbeiten. Als erstes berechnete er grob, wie viel Geld er nun bezahlen musste. Das waren vor allem die Pauschalabgaben für die ganzen Mitarbeiter und die Umsatzsteuer. Die Umsatzsteuer wusste er ja schon aus den ersten Schätzungen. Wenn man von der Summe von 55.000 Euro Umsatz ausging, dann waren 19% davon 10.450 Euro. Diese Größe war ihm bereits bewusst gewesen. Er beschloss, sich jetzt vor allem mit den Pauschalabgaben zu den Löhnen zu beschäftigen.

Anhand der Daten von Markus wusste er, wie viele Fahrer in jeder Woche jeweils im Einsatz waren. Im Dezember hatten die Fahrer 10.000 Euro bekommen. Im November waren es knapp 8.000 Euro und davor in Oktober und September je 4.000 Euro. Alles in allem also 26.000 Euro und 35% davon waren 9.100 Euro.

Dann fiel ihm ein, dass die Manager ja auch »Gehälter« bekommen hatten. Diese beliefen sich auf insgesamt 10.000 Euro. Er überprüfte seine Rechnung kurz, indem er die Gehälter und seine sonstigen Ausgaben von den Gesamteinnahmen abzog. Was heraus kam, war sein Gewinn. Jetzt hatte er es noch einmal schwarz auf weiß.

Aufgeregt prüfte er, ob seine Manager über 450 Euro kamen, denn dann würde die Steuer ja anders berechnet werden. Schnell stellte er fast, dass sie das taten. Hier würden sich seine Kosten noch weiter erhöhen. Er überschlug mal, dass er bei ca. 40% hier auch noch einmal 4.000 Euro zu zahlen hatte. Damit belief sich die Steuerforderung aus 10.450 + 9.100 + maximal 4.000 = 23.550 Euro. Rund 11.000 Euro hatten die Fahnder ja schon beschlagnahmt. Wenn er diese abzog, denn fehlten ihm noch etwa 12.550 Euro, um die fälligen Steuern und Abgaben zu bezahlen.

Plötzlich wurde ihm bewusst, dass die Pauschalabgaben ja auch Betriebsausgaben waren, die seinen Gewinn schmälern würden. Folglich würde er in Bezug auf die Einkommenssteuer in die Zone des Freibetrags rutschen. Unter Berücksichtigung aller Ausgaben würde er sogar ins Minus geraten. Das war eine bittere Erkenntnis. Sein Geschäftsmodell erwirtschaftete ein Minus. Da er ja nicht besonders verschwenderisch war, musste er etwas am System ändern. Irgendwie blieb am Ende nicht genug übrig. Das Problem waren diese 35%, die auf die Löhne zu entrichten waren. Das war einfach viel zu viel. In diesem Moment wurde Florian bewusst, wie teuer es in Deutschland war, andere Menschen für sich arbeiten zu lassen, wenn man diesen ein ordentliches Gehalt zahlen wollte. Auf einmal beschäftigte ihn diese Frage ganz dringend.

Seine Fahrer erhielten 10 Euro pro Stunde. Jetzt wurde ihm klar, dass ihn als Unternehmer diese Stunde nicht 10 Euro sondern 13,50 Euro kostete, wenn er die 35% Pauschalbesteuerung dazu rechnete. Wenn er die 10 Euro pro Stunde senken würde, dann würden natürlich auch die Kosten für die Pauschalbesteuerung sinken. Bei 8,00 Euro wären die Kosten dann nur noch insgesamt 10,80 Euro. Florian begann sich zu fragen, was für einen Schüler ein angemessener Stundenlohn wäre und was man in den verschiedenen Berufsgruppen wohl so verdienen würde.

Er fand im Internet einiges dazu heraus und notierte sich: Bäcker: 9,60-10,80 Euro, Verkaufsleiter Bäckerei 11,20-11,70 Euro, ungelernter Verkäufer: 7,70-8,90 Euro, Elektroinstallateur: 13,00 Euro, Meister Elektroinstallateur: 18,00-26,00 Euro, Friseur: heutzutage 8,50 Euro - früher war es deutlich weniger.

Schließlich stieß er bei seinen Recherchen im Internet auf den Mindestlohn. Darüber hatte ihm Eduardo schon einmal etwas gesagt. Florian wusste nur nicht mehr genau den

Zusammenhang. Er las nach, dass Erwachsene in Deutschland mindestens 8,50 Euro als Bruttolohn bekommen sollten. Erwachsene? Wie war das mit Jugendlichen? Tatsächlich fand er: »Grundsätzlich sind fünf Gruppen vom Mindestlohn ausgenommen: Jugendliche unter 18 Jahren, Auszubildende, Praktikanten mit Pflichtpraktikum, Langzeitarbeitslose und ehrenamtlich Tätige.«

Es wäre also für ihn durchaus möglich unter die 8,50 Euro zu gehen. Die Frage dabei war natürlich, ob es dann noch für die Jugendlichen so attraktiv wäre, für ihn zu arbeiten. Florian überlegte, wie wohl seine Fahrer reagieren würden, wenn er ihren Lohn senken würde. Bestimmt würden dann einige gehen. Vielleicht konnte er ihnen noch eine weitere Einkommensquelle verschaffen, so dass sie insgesamt mehr Geld verdienen konnten, wenngleich nicht mit einem so hohem Stundensatz. Die meisten seiner Fahrer verdienten ca. 200 bis 250 Euro im Monat durch die Einkaufsfahrten. Da war also noch etwas Luft nach oben im Rahmen der 450 Euro Minijob-Regelung. Zeit hatten sie ja. Aber was das sein könnte, dazu hatte Florian noch keine Idee.

Nun wollte er ganz genau wissen, wie es sich wohl jenseits der 450 Euro Minijob Marke verhalten würde. Wie viel von dem Gehalt ging weg, wenn man mehr verdiente. Er stieß auf die Ausdrücke Brutto- und Nettolohn, die ihm zunächst noch nicht viel sagten. Dann fand er sogenannte Brutto-Netto-Rechner im Internet. Ohne genau zu wissen, was dahinter steckte, gab er einfach mal in ein Formular ein Bruttoeinkommen von 3.000 Euro pro Monat an. Dann musste er noch einige weitere Fragen beantworten: Ob er in der Kirche sei? Diese Frage verstand er überhaupt nicht. Was hatte das mit dem Lohn zu tun? Bekamen etwa Menschen, die in die Kirche gingen mehr Lohn, weil sie anständige Menschen waren? Natürlich hatte er keine Kinder und bei Krankenversicherung lies er einfach die Voreinstellung stehen. Als er auf »Absenden« klickte, bekam er prompt das Ergebnis ausgeliefert. Von den 3.000 Euro Brutto mussten 498 Euro Steuern bezahlt werden und 620 Euro Sozialabgaben. Am Ende blieb nur eine Summe von 1.882 Euro übrig. Die Abzüge waren demnach noch höher als 35%. Er gab weitere Zahlen ein und studierte die Ergebnisse.

Inzwischen war es 22:00 Uhr abends. Florian war innerlich unruhig. Wie konnte es sein, dass so wenig Geld von dem Verdient blieb. Leise verließ er sein Zimmer. Er wollte nachsehen, ob seine Eltern noch wach waren. Florian fand sie vor dem Fernseher. Er setzte sich dazu und befragte seinen Vater zu den neuen Erkenntnissen über den Brutto- und Nettolohn: »Papa, wenn ich einen Mitarbeiter habe, der einen Bruttolohn von 3.000 Euro im Monat verdient, dann bekommt er von den 3.000 Euro, die ich ihm zahle, nur 1.880 Euro raus? Ist das richtig?«

»Ja, Florian, mit einem Bruttogehalt von 3.000 Euro bekommt er nur 1.880 Euro auf die Hand. Aber du als Unternehmer musst auch noch einmal Steuern bezahlen. Tatsächlich musst du 3.585 Euro bezahlen, damit er 1.880 herausbekommt. Wenn du es ganz grob rechnest, dann kannst du den Nettolohn, also die 1.880 Euro mit zwei multiplizieren. Der Unternehmer zahlt etwa doppelt so viel, wie das, was dann nachher ankommt«, erläuterte sein Vater.

Florian dachte erst, er höre nicht richtig: »Was? Soll das heißen, dass jeden Monat die Hälfte des bereitgestellten Geldes einfach weg geht für den Staat?«

»Nein, das ist so nicht ganz richtig. Das Geld, das weg geht, ist für unterschiedliche Zwecke. Einer davon sind die Steuern, das macht in deinem Beispiel ungefähr 500 Euro aus. Dazu gehören die Lohnsteuer mit dem größten Anteil, die Kirchensteuer und der Solidaritätszuschlag«, erläuterte sein Vater.

»Aha, darum wurde ich gefragt, ob ich in der Kirche wäre«, kombinierte Florian.

»Ganz genau. Wer viel Geld verdient, kann im Jahr durchaus ein paar tausend Euro Kirchensteuern zahlen«, bestätigte Herr Goldacker.

Nach einer Pause fuhr er fort: »Dann kommen noch Abgaben für diverse Versicherungen wie Rentenversicherung, Arbeitslosenversicherung, Krankenversicherung und Pflegeversicherung hinzu. Das ist der größere Anteil.«

»Wozu braucht man so etwas?« wollte Florian wissen.

»Nun, das ist ein System, in das alle einzahlen, um denjenigen zu helfen, die krank werden, einen Arbeitsunfall haben oder aus einem anderen Grund ihre Arbeit nicht weiter ausüben können«, antwortete Florians Vater.

»Wer hat sich denn so etwas einfallen lassen?« fragte Florian mehr sich selbst als seinen Vater.

Doch Herr Goldacker nahm die Frage wirklich ernst und sagte: »Na, habt ihr das im Geschichtsunterricht nicht durchgenommen? Das war unser Reichskanzler Otto von Bismarck, der 1883 die gesetzliche Krankenversicherung einführte, dann die Unfallversicherung und später die Rentenversicherung.«

Den Namen hatte Florian schon mal gehört, aber das Thema musste wohl an ihm vorbei gegangen sein. Er nahm sich vor, in Zukunft in der Schule besser aufzupassen, wenn es um Fragen ging, die seine berufliche Zukunft im weitesten Sinne betrafen. Vielleicht war doch nicht alles so nutzlos, von dem, was er in der Schule lernte.

Müde verließ Florian das Wohnzimmer, um sich in seinem Bett schlafen zu legen.

Kapitel 25: Steuergestaltung

Am nächsten Tag stand ein Termin mit dem Steueranwalt Manfred Schmidt an. Dieser erschien auch pünktlich und erläuterte Florian die Sachlage. Das Allerschlimmste hatten sie abgewendet, aber es seien doch hohe Nachzahlungen vor allem wegen den Pauschalabgaben und der Umsatzsteuer zu erwarten. Wahrscheinlich werde irgendwann in den nächsten Wochen ein Brief vom Finanzamt kommen, dass die berechneten Beträge mit einer Frist von 30 Tagen zu begleichen seien. Außerdem müssten natürlich die entsprechenden Erklärungen auch schon für den laufenden Januar gemacht werden.

»Was?« fragte Florian erstaunt.

»Naja, das Finanzamt wartet natürlich nicht, bis ein Jahr rum ist, die wollen am liebsten schon immer gleich das Geld haben, auch wenn man es noch gar nicht verdient hat«, antwortete der Steueranwalt.

Florian war sprachlos.

»Wenn man sich nicht meldet, gehen die einfach davon aus, dass man so weitermacht, wie man aufgehört hat und wollen dann entweder pro Quartal oder pro Monat gleich die Vorauszahlung«, fügte er hinaus.

Erneut packte Florian das Grausen. Jetzt kam ihm das Finanzamt wie ein mittelalterlicher Steuereintreiber vor. Die waren auch von Dorf zu Dorf gefahren und hatten das Volk immer mehr ausgepresst. Als er sich wieder gefangen hatte, sagte er: »Ok, was können wir tun?«

»Lass uns als erstes noch einmal dein altes Geschäftsmodell rechnen. Zehn Schüler kaufen für jeweils zehn Kunden für 100 Euro ein. Damit ergibt sich eine Provision von 1.000 Euro pro Woche. Dafür bekommen sie 10 x 50 = 500 Euro Gehalt. Wie wir jetzt gesehen haben, sind es tatsächlich 35% mehr, d.h. 675 Euro. Dann hast du noch einen Manager, der bekommt auch nochmal ca. 100 Euro plus noch 20% von dem, was noch bleibt. Damit sind wir bei 775 Euro plus 20% von 225 Euro = 45 Euro. Außerdem noch die 10% für Markus, das sind nochmal 22,50 Euro. Für dich bleiben damit noch 157,50 Euro. Allerdings haben wir die Umsatzsteuer noch nicht in der Rechnung drin. Das sind 1.000 x 0,19 = 190 Euro. Du machst also mit dem aktuellen System jede Woche ein Minus von 32,50 Euro, wenn du sonst keine weiteren Ausgaben hast. Dabei ist noch nicht berücksichtigt, dass du platte Reifen hast, Fahrradanhänger kaputt gehen, Waren beschädigt werden oder Kunden nicht bezahlen. Einen Steuerberater hast du davon auch noch nicht bezahlt.

Nach dem, was er bereits vorher erlebt hatte, war Florian nicht mehr geschockt. Er fand es sogar irgendwie spannend, dass sein so lukratives Geschäftsmodell mit Berücksichtigung der Steuern plötzlich ein Minus erwirtschaftete. Er hatte sich oft gefragt, warum Firmen pleitegingen. Jetzt erahnte er, dass es in vielen Fällen wohl an der Steuer liegen könnte.

»Da habe ich ja nochmal richtig Glück gehabt, dass die Steuerfahndung jetzt gekommen ist und nicht später, wenn ich noch viel mehr Standorte habe«, bemerkte er laut.

»Ja, in der Tat. Glück im Unglück nennt man das. Wir müssen dringend dein Geschäftsmodell ändern. Wir müssen es so drehen, dass du zum einen keine Lohnsteuer mehr zu zahlen hast und zum anderen, dass die Umsatzsteuer sich nur auf die Summe bezieht, die du auch tatsächlich einnimmst«, erklärte der Steueranwalt.

»Aber wie machen wir das?« wollte Florian wissen.

»Lass mich mal laut denken. Nehmen wir an, deine Geschäftsführer sind selbständig und bezahlen dir jeden Monat eine Lizenzgebühr dafür, dass sie deine Idee benutzen dürfen und von dir die Kunden bekommen haben. In diesem Fall müsstest du nur noch die Lizenzgebühr versteuern und hättest gar keine Lohnsteuern und Pauschalabgaben mehr.«

»Genau, das hatten wir ja vorher schon angedacht. Aber was ist dann mit Markus und den anderen Geschäftsführern? Müssten diese dann nicht die Pauschalabgaben für die Fahrer abführen?« hakte Florian weiter nach.

»Wenn die Fahrer ihre Mitarbeiter wären, dann schon. Die Fahrer müssen auch selbständig sein, sonst macht es den Geschäftsführern keinen so richtigen Spaß«, antwortete Manfred Schmidt.

»Aber wie können wir das nach außen darstellen?« setzte Florian den Dialog fort.

»Ganz einfach. Du bietest den Geschäftsführern ein fertiges Konzept an, mit dem sie Geld verdienen können. Deine Geschäftsführer bieten ihren Kunden, den Fahrern, eine Dienstleistung an und bekommen dafür die Hälfte der Provision, die der Einkaufskunde zahlt. Von diesem Geld bezahlen sie dann dich. Wir müssen es einfach nur ein wenig anders darstellen und das vertraglich festhalten.«

»In diesem System müssen keine Pauschalabgaben mehr geleistet werden. Alle sind selbständig. Die Fahrer bleiben mit ihren Einnahmen unter dem Freibetrag und müssen überhaupt keine Steuern zahlen. Das ist genial!« fasste Florian zusammen.

»Achtung, es gibt noch eine kleine Falle, die wir aber in deinem Fall ausschließen können. Weil solche Gestaltungsprozesse, wie wir es gerade hier machen, oft missbraucht werden, gibt es den Begriff der Scheinselbständigkeit« ergänzte der Anwalt.

»Der Scheinselbständigkeit? Was ist das?«

»Es gibt einige Kriterien dafür, ob jemand wirklich selbständig ist oder nur so tut. Oft ist das in der Praxis gar nicht so einfach zu sagen«, erläuterte Manfred Schmidt.

»Wie sind denn diese Kriterien?«

»Da hat sich in den letzten Jahren immer mal wieder etwas getan. Aktuell werden folgende Kriterien diskutiert und zur Beurteilung herangezogen. Insgesamt besteht hier eine große Rechtsunsicherheit. Das Problem ist, dass man nirgends den eigenen Fall verbindlich prüfen lassen kann. In jedem Fall ist man dann im Visier.«

Dann holte Manfred Schmidt ein Blatt aus seiner Aktentasche und zeigte es Florian.

»Hier habe ich die wichtigsten Punkte für dich zusammengefasst.« Dann begann er vorzulesen:

Scheinselbständig ist:
1. *Wer seine Arbeitszeit, seinen Arbeitsort und die geschuldete Leistung nicht frei gestalten kann*
2. *Wer die geschuldete Leistung überwiegend in den Räumen eines anderen erbringt*
3. *Wer zur Erbringung der geschuldeten Leistung regelmäßig Mittel eines anderen nutzt*
4. *Wer die geschuldete Leistung in Zusammenarbeit mit Personen erbringt, die von einem anderen eingesetzt oder beauftragt sind*
5. *Wer ausschließlich oder überwiegend für einen anderen tätig ist*
6. *Wer keine eigene betriebliche Organisation unterhält, um die geschuldete Leistung zu erbringen*
7. *Wer Leistungen erbringt, die nicht auf die Herstellung oder Erreichung eines bestimmten Arbeitsergebnisses oder eines bestimmten Arbeitserfolges gerichtet sind*
8. *Wer für das Ergebnis seiner Tätigkeit keine Gewähr leistet*

Dann diskutierten sie die Punkte im Einzelnen und überprüften, was auf die Fahrer von Florian und die Manager zutraf. Klar, sie benutzten die Anhänger von Florian, aber sie fuhren mit eigenen Fahrrädern. Jeder von ihnen hatte zehn Kunden, für die er die Waren holte. Ihre Arbeitszeit konnten sie nicht ganz frei wählen und auch nicht den Ort. Einige der Punkte trafen durchaus auf die Fahrer zu.

Aber Manfred Schmidt beruhigte Florian. »In deinem Fall können wir eine Scheinselbständigkeit der Fahrer ausschließen. Sie nutzen zwar dein Konzept, aber das ist völlig legitim.«

„Lass uns lieber mal noch kurz die Umsatzsteuersituation anschauen. Wie viel bekommen die Manager? Wenn zunächst 50% der Provisionen bei ihnen bleiben, dann sind das in der Woche 500 Euro. Pro Jahr wären dass dann 500 x 52 = 26.000 Euro. Damit wären sie über den Freibetrag von 17.500 Euro und wären dann ab dem zweiten Jahr Umsatzsteuerpflichtig mit 19%, was ungefähr 5.000 Euro entspricht. Wenn du zwei Geschäftsführer pro Standort hättest, die sich die Umsätze teilen, dann wären beide umsatzsteuerfrei, sofern sie nicht noch irgendwo anders her Einkünfte beziehen. Du selbst wirst natürlich nicht um die Umsatzsteuer herum kommen, wenn du dein Geschäft weiter ausbaust, was du ja vorhast.«

Florian nickte. Das hörte sich doch schon mal deutlich positiver an.

»Du und deine Geschäftsführer müssen auf jeden Fall ein Gewerbe anmelden und ihr müsst euch untereinander ordentliche Rechnungen schreiben. Deine Geschäftsführer schreiben Rechnungen an die jeweils ca. zehn Fahrer und du schreibst deine Rechnungen an deine Geschäftsführer“, erklärte der Steueranwalt.

»Kannst du mich dabei unterstützten?« fragte Florian.

»Selbstverständlich unterstützten wir dich in allen steuerlichen Belangen. Wenn du uns beauftragst, machen wir für dich auch die laufende Buchhaltung und erstellen dir einen Jahresabschluss. Ein- oder zweimal pro Jahr setzen wir uns für diese Art von Gestaltung, wie wir es gerade tun, zusammen. Oder natürlich auch, wenn sich etwas Grundlegendes verändert und du zum Beispiel eine neue Unternehmung startest«, antwortete Manfred Schmidt.

»Das hört sich toll an! Was kostet das denn?« wollte er als nächstes wissen.

»Nun, die laufende Buchhaltung kostet ungefähr 300 Euro im Monat, hinzu kommen noch die Besprechungen und der Jahresabschluss, da steckt dann auch einiges an Arbeit drin. Du siehst ja gerade an dem aktuellen Fall, wie wichtig es ist, viele Faktoren zu berücksichtigen und wie viel Geld es sparen kann, wenn man hier Profis an seiner Seite hat«, antwortete der Erwachsene.

»Oh ja«, dachte Florian. Er wollte nie wieder eine so böse Überraschung mit den Steuern erleben. So etwas war geradezu mörderisch.

Dann stellte er doch noch eine Frage, die ihn schon seit dem ersten Telefonat quälte: »Herr Schmidt, was kostet eigentlich bei Ihnen eine Stunde und wie viele Stunden sind jetzt in Zusammenhang mit der Steuerfahndungsgeschichte bereits aufgelaufen.«

Manfred Schmidt sah Florian direkt ins Gesicht, dann sagte er: »Eine Stunde kostet bei mir zwischen 200 und 300 Euro. In deinem Fall ging es zunächst ja sogar um eine Straftat und ich war frühmorgens direkt zur Stelle. Daher gehe ich mal von 250 Euro pro Stunde aus. Das waren die zwei Stunden während der Fahndung. Dazu die Anreise hin und zurück nochmal eine Stunde. Dann hatten wir am nächsten Tag die Anhörung und davor noch ein persönliches Gespräch. Somit sind wir bei fünf Stunden. Plus nochmal das Gespräch von heute, damit würde ich vorerst sieben Stunden je 250 Euro abrechnen.«

Florian schluckte. Das war einerseits viel Geld, aber andererseits ging es ja auch um noch mehr Geld.

Manfred Schmidt sah wohl seinen Gesichtsausdruck und sagte: »Natürlich kannst du meine Rechnungen steuerlich als

Betriebsausgaben abziehen und die Umsatzsteuer als Vorsteuer geltend machen. Außerdem biete ich dir an, dass es erst in acht Wochen fällig wird. Ich sehe ja, dass du jetzt erst einmal alles auf die Reihe bringen musst. Zudem gehe ich davon aus, dass wir in Zukunft längerfristig zusammen arbeiten werden. Einverstanden?«

Florian war erleichtert. Er hatte sich schon ausgemalt, dass er diese Summe würde in den nächsten Tagen zusätzlich aufbringen müssen.

»Ok.«

»Gut, dann werden wir uns schon mal die laufende Buchhaltung vornehmen, uns beim Finanzamt als Vertreter melden und die wichtigsten Anträge stellen.«

Kapitel 26: Anmeldung eines Gewerbes

Beim Mittagessen fragte Florian seinen Vater: »Du, Papa, wo ist denn die Stadtverwaltung? Manfred Schmidt hat gesagt, dass ich dort mein Gewerbe anmelden muss.«

»Die Stadtverwaltung mit dem Gewerbeamt ist direkt hinter der Kirche im Rathaus untergebracht. Ich glaube aber nicht, dass du als jetzt 15 Jähriger schon alleine ein Gewerbe anmelden darfst. Wir werden da wohl mitunterschreiben und die Verantwortung übernehmen müssen«, antwortete sein Vater.

Als Florian die Gewerbeanmeldung für einen Minderjährigen im Internet recherchierte stieß er auf einen Artikel, in dem es hieß, dass er neben der Zustimmung seiner Eltern auch noch die Genehmigung des Vormundschaftsgerichts benötigte. Dabei würde ein Rechtspfleger in einem Gespräch beurteilen, ob er die entsprechenden Kenntnisse und Fähigkeiten besäße, um überhaupt ein Unternehmen zu führen.

Als er das las, musste Florian schon etwas schmunzeln. Wie sollte ein angestellter Rechtspfleger beurteilen können, ob er das Zeug zu einem guten Unternehmer hatte. Er konnte sich nicht vorstellen, dass ein Rechtspfleger wie ein Unternehmer denken konnte und all das wusste, was Eduardo ihm beigebracht hatte. Er wäre ja sonst wohl kein Angestellter geworden. Wie auch immer. Das war sicher nur eine reine Formsache.

In jedem Fall, so las Florian, dürfe eine einmal erteilte Genehmigung der Eltern dann auch nur noch mit Hilfe des Vormundschaftsgerichts zurückgenommen werden. Als er weiter recherchierte, entdeckte er, dass inzwischen das Familiengericht und nicht mehr das Vormundschaftsgericht für diese Entscheidung zuständig war. Ach, Gott, war das nun wieder kompliziert. In zahlreichen Foren las Florian immer wieder die gleichen Fragen und Antworten. Nirgendwo stand, wie man nun genau vorgehen sollte.

Nach langem Suchen reimte er sich folgenden Ablauf zusammen. Als erstes brauchte er die Einverständniserklärung seiner Eltern. Das war reine Formsache, denn diese hatten ihm ihr Einverständnis ja bereits gegeben. Zwar wollten sie nun sehr genau wissen, wie Florian gedachte aus der misslichen Lage heraus zu kommen, aber der legte nach dem Besuch von Nela einen solchen Optimismus an den Tag, dass sie damit einverstanden waren.

Als nächstes stand der Antrag beim Familiengericht auf seinem Plan. Da er in einer kleineren Gemeinde lebte, musste dieses irgendwo beim Amtsgericht sein. Er rief beim Amtsgericht an und erfragte den Ansprechpartner für das Familiengericht. Den Namen dieser Person notierte er sich. Es war Frau Hinterseer. Als nächstes lud er sich einen Antrag aus dem Internet herunter, füllte ihn aus, um ihn an Frau Hinterseer zu schicken. Darin schrieb er:

Antrag auf unbeschränkte Geschäftsfähigkeit in einem Unternehmen

Sehr geehrte Frau Hinterseer,

mein Name ist Florian Goldacker. Ich bin geboren am 29.12.2001 und erstrebe die unbeschränkte Geschäftsfähigkeit für Rechtsgeschäfte, die mein Unternehmen betreffen. Hiermit stelle ich den entsprechenden Antrag nach § 112 Absatz 1 Satz 1 BGB.

Mit freundlichen Grüßen
Florian Goldacker

Bevor er den Umschlag jedoch zuklebte, überlegte er sich, dass es womöglich lange dauern konnte, bis die ganze Sache in die Gänge kommen würde und er dann die Einladung zu einem persönlichen Gespräch mit einem Rechtspfleger bekommen würde. So lange wollte er nicht warten, schließlich musste er in den nächsten Tagen Himmel und Hölle in Bewegung setzen, um über 10.000 Euro zu verdienen. Daher beschloss er, dem Amtsgericht einen persönlichen Besuch abzustatten.

Er ließ sich das Einverständnis seiner Eltern noch einmal schriftlich geben, nahm zusätzlich den geschriebenen Antrag an sich und machte sich auf, um Frau Hinterseer zu besuchen.

Am Eingang des Amtsgerichts fand er eine Tafel, auf der stand, wer in welchem Zimmer saß. Schnell fand er das Zimmer des Familiengerichts mit Frau Hinterseer. Er klopfte schüchtern an. Nichts. Er zweifelte kurz an sich. Es war die erste Januarwoche vermutlich hatte die gute Frau Urlaub. Aber er wollte die Sache klären. Er versuchte es noch einmal. Niemand reagierte. Auf dem Gang war eine Bank. Er setzte sich hin und wartete.

Etwa fünf Minuten später kam eine Frau an ihm vorbei. Zielstrebig steuerte sie auf das Zimmer zu, bei dem Florian gerade angeklopft hatte.

Florian sprach sie an: »Sind Sie Frau Hinterseer?«

»Ja, das bin ich. Möchtest du zu mir, junger Mann?« antwortete sie.

»Ja!«

»Dann komm doch einfach mal rein.« Sie öffnete die Tür und ließ ihn eintreten. Vor einem großen Schreibtisch standen zwei Sessel. »Nimm einfach Platz. Was kann ich für dich tun?« fragte sie Florian.

»Ich bin noch minderjährig und möchte gerne ein Gewerbe eröffnen. Hier sind mein Antrag und die Einverständniserklärung meiner Eltern. Es ist etwas dringlich, denn genau genommen läuft mein Business schon auf Hochtouren.«

»Eigentlich müssten wir erst einen Termin ausmachen, aber zwischen den Jahren ist hier ohnehin wenig los. Dann können wir das Gespräch auch gleich führen. Erzähl mir doch mal von deinem Business?« lud sie Florian zum Gespräch ein.

Dann begann Florian zu erzählen. Er erzählte, wie alles angefangen hatte, von seinen Treffen mit Eduardo und seinem Deal mit dem Getränkehändler. Frau Hinterseer hörte aufmerksam zu und machte sich eifrig Notizen. Ab und an warf sie eine Frage ein. Dabei musterte sie Florian sehr genau. Es schien als wolle sie prüfen, ob er tatsächlich die notwendige Reife hätte, um ein Unternehmen zu führen. Schließlich sprach sie auch das Thema Steuern an und sie war überrascht, dass Florian sich so gut auskannte.

Hätte das Gespräch vor einer Woche statt gefunden, hätte er auf viele Fragen keine Antwort gewusst. So aber kannte er sich aus mit der Kleinunternehmerregelung, den Umsatzsteuern, Mindestlohn und der Einkommensteuer. Frau Hinterseer schien sehr beeindruckt. Vor allem faszinierte sie, mit wie wenig Zeiteinsatz Florian das alles organisierte. Sie befragte ihn zu seinen Zielen, seinem Geschäftsmodell, ob eine Finanzierung nötig wäre, ob er eigene Geldmittel hätte und ob es Personen gäbe, die ihn unterstützen würden.

An einer Stelle musste Florian allerdings passen. Frau Hinterseer wollte von ihm wissen, was alles auf eine Rechnung musste. Da Florian das noch nie gemacht hatte, wusste er die richtige Antwort nicht. Frau Hinterseer griff in eine Schublade und holte eine Musterrechnung daraus hervor.

»Hier Florian, das ist mein Beitrag zu deinem Unternehmerwissen. Dies ist eine Musterrechnung. Hier sind alle Angaben drauf, die auf eine Rechnung gehören. Präge sie dir bitte ein. Wie ich dich verstanden habe, bist du ohnehin mit einem Steuerberater im Gespräch. Er wird dir das noch einmal Punkt für Punkt erklären.«

»Vielen Dank!« antwortete Florian.

»Da ist noch etwas«, fuhr Frau Hinterseer fort, »natürlich dürfen deine schulischen Leistungen nicht unter dem Gewerbe leiden«, verkündete sie.

»Das werden sie nicht. Sie sehen ja, dass ich nur sehr wenig Zeit für den Einsatz in meinem Gewerbe brauche«, erklärte Florian selbstbewusst. Innerlich wusste er in diesem Moment, dass sich das vermutlich schon bald ändern würde. Aber er brauchte jetzt die Genehmigung, sonst würde es kein Morgen mehr geben.

Als das Gespräch zu Ende ging, sagte Frau Hinterseer: »Also gut, von mir hast du die Genehmigung. Damit kannst du jetzt nach nebenan zum Gewerbeamt gehen und dein Gewerbe anmelden.«

Florian konnte es kaum glauben. Nun stand der Gewerbeanmeldung nichts mehr im Wege. Frau Hinterseer begleitete ihn noch bis zur Tür.

Gerade noch rechtzeitig erwischte er die Dame vom Gewerbeamt. Sie nahm Florians Daten auf. Dann wollte sie von ihm wissen, welcher Art sein Gewerbe war. Florian hatte im Internet gelesen, dass es am besten war, diesen Punkt möglichst vielsagend und allgemein zu halten, damit er nicht bei jeder Änderung ein neues Gewerbe anmelden und die Gebühr mehrfach entrichten musste. Darum sagte er: »Handeln von Waren und Dienstleistungen aller Art.«

Gerne hätte es die Dame vom Gewerbeamt weiter eingeschränkt, aber was sollte sie sagen, als Florian erwähnte, dass er mit tausenden von Artikeln zu handeln beabsichtigte und die unterschiedlichsten Arten von Dienstleistungen anbot.

Schließlich bezahlte Florian noch die 26 Euro, die die Gewerbeanmeldung in seiner Gemeinde kostete. Er erhielt eine offizielle Bestätigung und war nun Gewerbetreibender. Glücklich verließ er das Amt und bedankte sich überschwänglich.

Kapitel 27: Brainstorming

Zuhause erzählte er, wie es gelaufen war und dann besuchte er Nela. Nachdem Florian sie auf den neuesten Stand gebracht hatte, dachten sie darüber nach, wie es jetzt weitergehen sollte. Sie hatten noch ein paar Ferientage vor sich und vermutlich dauerte es auch noch ein paar Tage bis der Steuerbescheid kommen würde. Dann allerdings tickte die Uhr und Florian musste unbedingt 12.550 Euro auftreiben.

»Wie viel wird dir denn der Einkaufsservice einbringen, wenn ihr es ab dieser Woche so macht, wie dein Steueranwalt vorgeschlagen hat?« fragte Nela.

Florian überschlug es kurz. Der Januar hatte vier Samstage. Da würde er ca. 4.000 Euro einnehmen. Wenn der Bescheid gleich nächste Woche käme, dann wäre noch ein Februarwochenende dabei. Mit den vier aktuellen Standorten konnte er so 5.000 Euro innerhalb von 30 Tagen machen. Dazu kamen aktuell 600 Euro Einnahmen aus dem Getränkeverkauf.

Als Nela diese Zahl hörte, sagte sie: »Du hast es also nicht weiter vorangetrieben. Wir hatten doch schon hier bei unserem ersten Standort Einnahmen in Höhe von 420 Euro. Jetzt haben wir vier Standorte und es sind nur 600 Euro. Da geht doch sicher bei den drei neuen Standorten noch deutlich mehr.«

»Ja, da hast du recht. Ich bin einfach nicht so gut, da telefonisch nachzufassen wie du. Bei mir war die Quote viel schlechter als bei dir«, stimmte er ihr zu.

»Gut, da könnte ich noch ein paar Stunden für dich investieren. Vielleicht schaffst du dann im Januar noch 1.000 Euro mit dem Getränkeverkauf. Dann wärst du schon bei etwa der Hälfte, bei 6.000 Euro. Wo soll der Rest herkommen?« drängte Nela weiter.

»Ich weiß es noch nicht. Markus und ich hatten ohnehin vor, ab Januar jeweils pro Monat zwei neue Standorte dazu zu nehmen. Aber du weißt ja, dass in den ersten ein bis zwei Wochen da wenig für mich abfällt. Außerdem müssen wir jetzt unsere ganzen Fahrer auf das neue System umstellen«, antwortete Florian.

»Stimmt, das wird nicht reichen, aber für die Zukunft ist es sicher cool, wenn du noch weiter expandierst. Wenn das Amt den Brief nicht gleich schickt sondern erst zwei Wochen später, dann hättest du schon eine Menge mehr Geld eingenommen«, sagte sie.

»Ja, zwei neue Standorte, das bedeutet, dass ich mindestens 2 x 250 Euro im ersten Monat mehr habe und wenn ich dann noch zwei weitere Wochen hätte, wäre es auch schon wieder ein Tausender«, rechnete er aus.

»Und wenn ich dann noch ein paar Kunden für den Getränkelieferanten gewinne, dann ...«

»Wäre super, aber immer noch zu wenig. Ich müsste dann auch wieder neue Anhänger anschaffen«, und nach einer Pause fügte er hinzu: »Ich brauche noch mehr Geld, um die geforderte Summe aufzubringen.«

»Das ist aber auch echt viel Geld. Kannst du es dir vielleicht von jemandem leihen? Schade, dass Eduardo immer noch im Winterdomizil auf Hawaii ist. Er hätte bestimmt Rat gewusst«, warf Nela ein.

»Meine Eltern geben mir mit Sicherheit kein Geld. Sie haben das ja schon beim Fußballcamp nicht getan und von der Bank werde ich auch nichts bekommen«, sagte Florian.

»Aber vielleicht deine Geschäftsführer und allen voran Markus. Vielleicht hilft er dir aus der Patsche. Schließlich hat er das größte Interesse daran, dass es dein Unternehmen weiterhin geben wird«, fiel Nela ein.

»Du hast Recht, ihn sollte ich auf jeden Fall fragen. Das wird aber immer noch nicht reichen. Was könnten wir noch tun?«

»Wir könnten entweder noch mehr Standorte eröffnen oder ein weiteres Geschäftsfeld aufbauen«, antwortete Nela.

Florian erinnerte sich an sein Gespräch mit Eduardo. Dieser hatte ihm die Ansoff-Matrix vorgestellt, in der aufgezeigt wird, wie Unternehmen wachsen konnten. Sie standen nun wieder vor der Frage, ob sie den Einkaufsservice mit der neuen Steuerstrategie weiter ausbauen oder gar ein neues Geschäftsfeld betreten sollten.

»Lass uns für einen Moment das Geschäftliche bei Seite schieben«, mit diesen Worten nahm Florian seine Nela in den Arm und küsste sie leidenschaftlich.

Kurz darauf brachen sie auf, um Markus zu besuchen.

Kapitel 28: Treffen der Paare

Markus freute sich sehr Nela und Florian wieder zu sehen. Als sie eintrafen, hatte er Besuch von seiner Freundin Pam. Bis dahin hatten Florian und Nela noch gar nichts davon gewusst, dass die beiden miteinander gingen, doch jetzt mussten sie darüber schmunzeln.

Markus und Pam erzählten ihre Liebesgeschichte und die beiden Paare lachten und vergaßen eine Weile ihre Sorgen.

Doch dann lenkte Florian das Gespräch auf das Geschäftliche: »Hört mal, ihr beiden, in den nächsten Wochen müssen wir richtig Gas geben. Ich brauche mehr als 12.500 Euro, um all das zu bezahlen, was festgelegt wurde.«

Dann erzählte Florian von den Steuerdetails, die er erfahren hatte. Markus und Pam hörten aufmerksam zu.

Dann sagte Markus: »Ich könnte auch ein Gewerbe anmelden. Dann würden die Pauschalabgaben, die auf meine Person entfallen wegfallen. Ich habe inzwischen etwa 5.000 Euro verdient. Damit fallen schon mal 1.750 Euro weg. Außerdem haben wir noch ca. 2.000 Euro von den Rücklagen. Soeben hat sich damit die aufzutreibende Summe deutlich reduziert.«

»Ich fürchte, die 1.750 Euro werden wir erst später bei der Steuererklärung wieder zurückholen können, nachdem wir Einspruch eingelegt haben und einen ordentlichen Abschluss gemacht haben. Fürs Erste muss ich alles bezahlen. Aber die 2.000 Euro sind gerade ein warmer Segen. Damit sind es noch 10.500 Euro, die ich in den nächsten vier bis sechs Wochen zusammenbekommen muss.«

»Was können wir tun?« wollte Pam wissen.

Dann diskutierten sie, wie sie die Veränderungen ihren Fahrern beibringen wollten. Florian und Markus beschlossen, dass sie gleich in den nächsten Tagen mit allen reden und es ihnen erklären wollten. Sie riefen die beiden noch fehlenden Geschäftsführer an und teilten ihnen mit, dass sie unbedingt alle Fahrer in den nächsten drei Tagen sehen mussten. In jeder Stadt sollte es eine Versammlung geben. Alle Einkäufer, die nicht dabei sein konnten, wurden informiert und ihnen wurde im Detail mitgeteilt, dass sie bereits die nächste Fahrt als Selbständige zu erledigen hatten und dass entsprechende Verträge bereits vorbereitet wurden.

»Können wir sonst noch etwas tun?« wollten Markus und Pam wissen.

»Klar«, sagte Florian, »wir brauchen weitere Standorte. Ein Teil des Planes besteht darin, dass wir so schnell wie möglich noch zwei weitere Standorte eröffnen. Ihr seid unsere Experten. Keiner kann so schnell neue Mitarbeiter vor Ort gewinnen wir ihr.«

»Machen wir mit Vergnügen. Wir werden dir helfen, das Geld zusammen zu bekommen und es wird ja auch nicht zu unserem Schaden sein. Oder?«

»Nein, auf keinen Fall. Das vergesse ich euch nicht. Wir werden noch einiges bewegen.«

Dann diskutierten sie, in welchen Städten sie als nächstes den Einkaufsservice installieren wollten. Markus hatte sich schon umgesehen, welche Supermärkte dafür in Frage kamen. Er war eben von der ganz schnellen Truppe.

Kapitel 29: Rechnungen schreiben

In den nächsten Tagen organisierten sie alles im Eiltempo. Die meisten Fahrer erreichten sie in kleinen Gruppen, die sich bei den Geschäftsführern versammelten. Manche besuchten sie zu Hause.

Der eine oder andere schreckte schon etwas davor zurück, dass er nun selbständig sein sollte, aber Florian, Markus, Nela und Pam waren sehr überzeugend damit, dass sie deswegen noch längst keinen großen Aufwand hätten oder gar Steuern zahlen müssten.

Als alle Einkäufer informiert waren, gab es noch eine spezielle Versammlung für die jeweiligen Geschäftsführer der vier Städte.

»Ihr müsst selbst ein Gewerbe anmelden, denn die meisten von euch kommen im Monat schon auf 800 bis 1.000 Euro und damit werdet ihr auch geringfügig Steuern zahlen müssen. Noch nicht für das erste Jahr, denn das war ja kein vollständiges Jahr. Aber habt keine Angst, das sind nicht viele«, und dann erklärte Markus in allen Details, wie man ein Gewerbe anmeldete und was es mit der Kleinunternehmerregelung auf sich hatte.

Als nächstes holte er die Musterrechnung heraus, die ihm Frau Hinterseer überlassen hatte: »Wir werden uns in Zukunft untereinander Rechnungen schreiben. Dabei sind einige Dinge zu beachten, wenn die Rechnung Gültigkeit haben soll.«

»Ab einer Summe von 150 Euro müssen folgende zehn Punkte auf einer Rechnung stehen«, erklärte Florian und nannte dann die zehn Bestandteile einer Rechnung.

1. Der vollständige Name sowie die Anschrift des Unternehmens
2. Die Steuernummer oder die Umsatzsteueridentifikationsnummer (St-IdNr.)

3. Der vollständige Name sowie die Anschrift des Kunden – also eures Einkäufers.
4. Das Ausstellungsdatum/Rechnungsdatum
5. Die Rechnungsnummer
6. Der Zeitpunkt der Lieferung/Leistung
7. Die Menge und die Art der Lieferung bzw. der Umfang und die Art der Leistung
8. Das Entgelt für die Lieferung/Leistung in Netto
9. Der auf das Nettoentgelt entfallende Umsatzsteuersatz
10. Der auf das Nettoentgelt entfallende Umsatzsteuerbetrag.

Natürlich gab es zu einigen der Punkte noch weitere Fragen. Einer wollte wissen: »Was ist denn die Rechnungsnummer?«

»Das ist eine fortlaufende Nummer, da kannst du einfach bei eins anfangen und dann hochzählen. Wenn du magst, dann gibst du jedem deiner Einkäufer auch noch eine Kundennummer, dann kannst du die Rechnungen ganz leicht zuordnen«, erklärte Florian

»Was ist denn die Steuernummer und was mache ich, wenn ich keine Umsatzsteueridentifikationsnummer habe?« wollte ein anderer wissen.

Bereitwillig beantwortete Florian die Frage: »Die Steuernummer bekommst du vom Finanzamt zugeteilt. Solange du keine Umsatzsteueridentifikationsnummer hast, benutzt du einfach diese Nummer.«

»Was schreibe ich denn bei Menge und Art der Leistung?« wollte Pam wissen.

Bei dieser Frage musste auch Florian etwas nachdenken. Gemeinsam einigten sie sich darauf, dass es sich um eine Art von Servicepauschale für den Einkaufsservice handelte. Sie als Manager koordinierten ja die Route, besorgten die Kunden, organisierten eine Vertretung und stellten Anhänger zum Transport zur Verfügung. Jeder Fahrer wusste anhand seiner Quittungen vom Supermarkt, wie viel Provision er verdient hatte. Dann zog er den vereinbarten Stundenlohn ab und gab seinem Manager Bescheid, der ihm über die verbliebene Summe eine Rechnung ausstellte und den Betrag kassierte.

Zuletzt wurde über den Umsatzsteuersatz diskutiert. Florian erläuterte: »Ihr habt vielleicht schon auf den Supermarktrechnungen gesehen, dass es dort Waren gibt, die mit 7% und andere mit 19% versteuert werden. Das ist der Umsatzsteuersatz. Der normale Satz beträgt 19%. Es gibt aber ein paar Ausnahmen, für die ein ermäßigter Satz von 7% gilt. Das sind Grundnahrungsmittel sowie Zeitschriften und Bücher. Durch den ermäßigten Umsatzsteuersatz sollen die Endverbraucher entlastet werden. Achtung: Solange ihr im Jahr anderen nicht mehr als 17.500 Euro in Rechnung stellt, braucht ihr keine Umsatzsteuer zu verlangen. Ihr dürft dann auch keine Umsatzsteuer auf die Rechnung schreiben. Verstanden?«

Alle nickten. Doch dann tauchte dazu noch eine weitere Frage auf: »Wenn wir im Restaurant essen gehen, dann stehen da aber immer 19% drauf und nicht 7%. Wie kommt das?«

»Die Grundnahrungsmittel sind bei 7%, aber wenn diese jetzt in einem Restaurant verarbeitet werden und du dort dich hinsetzt und dann vielleicht sogar noch bedient wirst, dann ist das eine Dienstleistung und die ist bei 19%«, versuchte Florian den scheinbaren Widerspruch zu erklären.

Es gibt noch ein paar Ausnahmen, wann etwas von der Umsatzsteuer befreit ist, aber damit wollen wir uns hier nicht länger beschäftigen.

Im Anschluss diskutierten die Jugendlichen noch, wie sie in Zukunft den Einkaufsservice verbessern konnten, welche

Probleme in der Vergangenheit aufgetreten waren und welche Tipps sie füreinander hatten, um in Zukunft ihre Kunden noch besser zu bedienen.

Florian bat noch einmal, dass die Manager ihre Fahrer zu Freundlichkeit ermahnen sollten und dass sie vielleicht das Thema Getränkelieferungen vor allem bei den neuen Kunden noch klarer ansprechen konnten. Am Ende war die Stimmung sehr optimistisch. Alles schien für den kommenden Samstag gut gerüstet.

Dieser verlief dann auch eher routinemäßig. Inzwischen waren alle gut eingespielt. Das gegenseitige Schreiben einer Rechnung verursachte zwar etwas mehr Arbeit, aber es brachte auch Klarheit in die ganze Angelegenheit. Die erste Tour im neuen Jahr hatten sie geschafft. Wie sonst auch in der Ferienzeit hatten sie auf einige Aushilfsfahrer zurückgegriffen, aber es hatte alles gut geklappt. Ein paar Kunden waren im Urlaub, aber andere hatten dafür für mehr Geld eingekauft, so dass alle mit den Ergebnissen zufrieden waren.

In der folgenden Woche wurden zwei neue Standorte gestartet. Florian sprach mit den Supermarktleitern, Pam rekrutierte neue Fahrer und Markus trainierte die neuen Leiter der beiden Standorte. Das Eröffnen neuer Standorte wurde langsam zur Routine. Zwar erhöhte sich Florians Einkommen in der ersten Woche durch das Markus versprochene Honorar nur kaum, aber spätestens ab der zweiten Woche spürte Florian den Unterschied deutlich.

Parallel legte sich Nela ins Zeug, um am Telefon bei den neueren Standorten weitere Kunden für den Getränkelieferservice zu bekommen. Es gelang ihr ziemlich gut. Viele ihrer Kunden waren bereit, es einfach einmal auszuprobieren. Ihre Strategie dabei war einfach. Sie rief mit zuckersüßer Stimme an und fragte, ob mit dem Lieferservice vom Supermarkt alles geklappt hatte. Falls es Probleme gab, nahm sie diese auf und versprach, sich darum zu kümmern und an den jeweiligen Manager weiter zu geben. Auf diese Weise war sie so eine Art Qualitätsabteilung. Wenn der Kunde mit dem bisherigen Service zufrieden war, dann fragte sie einfach, ob er nicht auch mal die Getränke geliefert bekommen wollte. Wenn der Kunde diese wünschte, dann schickte sie ihm per Mail eine Liste mit den zur Verfügung stehenden Getränken. Viele Kunden waren positiv überrascht, was der Getränkemarkt so alles im Sortiment hatte und sie gaben eine erste Bestellung auf, die Nela an Krämer weiterleitete und dabei klar stellte, dass der Kunde über Florians Unternehmen gekommen war.

Florian grübelte derweil darüber nach, wie er die fehlenden paar tausend Euro auftreiben und das Geschäft noch erweitern könnte.

Kapitel 30: Der Bescheid

In der dritten Januarwoche kam der Bescheid. Mit zittrigen Händen öffnete ihn Florian. Schnell überflog er alles. Ihn interessierte nur diese eine Zahl ganz am Ende, was er zu bezahlen hatte. Davon würde sein Schicksal abhängen.

Es stellte sich heraus, dass Florian mit seiner Berechnung ziemlich richtig gelegen hatte. Die Forderung belief sich auf insgesamt 22.900 Euro. Zu diesem Zeitpunkt hatte er noch 600 Euro auf dem Konto und er hatte bis auf die Party und den London-Aufenthalt kaum etwas von dem ganzen Geld, das er bekommen hatte, ausgegeben. Die Kinobesuche, das Essengehen und das Eis hatte er von seinem Taschengeld bestritten. 11.000 Euro waren ja schon bei der Steuerfahndung beschlagnahmt worden.

Als er die Zahl las, war er auf einmal von tiefer Dankbarkeit erfüllt. Ein Außenstehender hätte sich vielleicht gewundert, aber Florian war klar geworden, dass er in ein offenes Messer gelaufen wäre, hätte ihn nicht jemand – er vermutete Thomas Ewald - anonym angezeigt. Nach einem Jahr wäre die Summe um ein Vielfaches höher gewesen. Jetzt hatte er mit Hilfe seines Steueranwalts Gegenmaßnahmen einleiten können und war gewappnet. Das einzige Problem war, dass er in den kommenden 30 Tagen, also bis zum 14.02. noch 11.300 Euro auftreiben musste. Gut, 2.000 Euro kamen aus den Reserven noch dazu. Damit waren es nur noch 9.000 Euro. 6.000-7.000 Euro rechnete er noch aus dem laufenden Geschäft inklusive Wasserverkauf zu bekommen. Das war durchaus realistisch, denn mit jetzt sechs Standorten blieben Florian rund 1.500 Euro im Monat nach der neuen Kalkulation, vielleicht noch etwas mehr, wenn sie mehr Kunden fanden.

Das Vorhaben schien schwierig, aber nicht unmöglich. Als er an das Wort unmöglich dachte, musste er einmal mehr an

Hannibal denken. »Wir werden entweder einen Weg finden oder einen machen!« murmelte er als ihm bewusst wurde, dass er diesen Satz inzwischen schon verinnerlicht hatte. Hannibal war so etwas wie ein Mentor für ihn. Rasch suchte er im Internet nach einem Bild von Hannibal. Er fand eines, bei dem dieser mit seinem Heer und Elefanten mitten dabei war die Alpen zu überqueren. Florian druckte sich das Bild aus und hängte es über sein Bett. Hannibal war nun sein Vorbild, wenn es darum ging, etwas Unmögliches zu tun.

In dieser Nacht träumte er, dass er Hannibal war und sein riesiges Heer über die Alpen führte. Es war ein harter Weg und er musste viele Entbehrungen auf sich nehmen, aber am Ende gelang es ihm, die Kälte und die Berge zu bezwingen.

Kapitel 31: Eine neue Geschäftsidee

Am nächsten Tag war Florian in seinem Zimmer und machte Hausaufgaben. Er war gerade fertig geworden, als es an der Tür klingelte. Frau Goldacker öffnete und staunte nicht schlecht als ein Herr in einem feinen Anzug vor ihr stand.

»Bin ich hier richtig bei Familie Goldacker?« wollte der Mann wissen.

Frau Goldacker nickte zustimmend. Der Mann sah nicht aus wie jemand vom Finanzamt – eher wie ein Geschäftsmann.

»Ich möchte zu Florian Goldacker. Ist er da?« fuhr der Mann fort.

Florian hatte in seinem Zimmer seinen Namen gehört und eilte sofort hinzu, um sich den Mann, dessen Stimme er gehört hatte, etwas näher anzusehen.

»Ich bin Florian«, sagte er, als er vor dem fremden Mann stand.

»Freut mich sehr, ich bin Theobald Reuter und habe einen Geschäftsvorschlag für dich. Ich habe mich an deiner Schule etwas umgehört und dabei in Erfahrung gebracht, dass du schon sehr geschäftstüchtig bist.«

Das machte Florian nur umso neugieriger. Er wollte unbedingt erfahren, worum es bei diesem Vorschlag ging.

»Prima. Was soll ich tun?« fragte Florian.

»Wir sind ein Unternehmen, das Zeitungen und spezielle Zeitschriften direkt an seine Kunden liefert. Aktuell fehlen uns für dieses Gebiet die Zusteller«, erklärte Theobald Reuter.

»Wie groß ist das Gebiet denn?« wollte Florian wissen.

»Das Gebiet umfasst diese Stadt und noch zwölf weitere kleinere Städte ringsum. Wir suchen jemanden, der die Gebietsleitung übernehmen und die Zusteller koordinieren kann. Mir wurde gesagt, dass du bereits einen Einkaufsservice hier etabliert hast. Daher gibt es sicher einige Gebietsüberschneidungen und du weißt offenbar, wie du an Jugendliche heran kommst, die sich gerne etwas dazu verdienen möchten.«

Das war die Gelegenheit! Florian erkannte sofort, dass er damit seinen Fahrern eine weitere Jobmöglichkeit bieten konnte. »Wie viel wird dabei denn verdient?« kam er gleich zur Sache.

»Das hängt von Anzahl der Zeitungen und Zeitschriften ab, die in diesem Gebiet verteilt werden. Wir bezahlen pro Zeitung 15 Cent und pro speziellem Magazin 60 Cent«, ergänzte Theobald Reuter.

»Warum ist das so unterschiedlich?« wollte Florian wissen.

»Die Zeitungen gehen an sehr viele Haushalte. Bei den Zeitschriften sind oft weitere Wege zurückzulegen, bis wieder ein Haushalt zu bedienen ist. Außerdem haben die Magazine deutlich höhere Preise und damit auch höhere Gewinnspannen«, kam die Antwort von dem Mann.

Dann fuhr er fort: »Einige Zeitungen, die wir führen, müssen früh morgens ausgetragen werden. Die Magazine in der Regel am Mittwoch und Freitag. Wir brauchen Zusteller, die wirklich zuverlässig sind und sich auch nicht von Wind und Regen abhalten lassen. Schließlich wollen unsere Abonnenten bei jedem Wetter ihre Zeitungen rechtzeitig haben. Glaubst du, du kennst genügend Jugendliche, die das für uns in dieser Gegend übernehmen könnten.«

»Klar, das kriege ich schon hin.«

»Da ist noch etwas. Wir können den Zustellern leider keine Transportmöglichkeiten zur Verfügung stellen«, ergänzte Theobald Reuter.

»Das macht nichts. Meine Fahrer sind gut ausgestattet mit Anhängern, die wir für die Einkaufsfahrten nutzen. Damit sollten sich auch Zeitungen gut transportieren lassen«, antwortete Florian.

»Das ist sehr gut! Wir bräuchten am besten sofort Hilfe. Wann könntest du loslegen?« wollte Theobald Reuter wissen.

Florian dachte kurz nach. Die Möglichkeit war zu verlockend, aber er wollte sich trotzdem Zeit nehmen, um alles in Ruhe durchzukalkulieren. Er hatte in seinem ersten Business gesehen, dass man zu leicht Steuern außer Acht lassen konnte oder einen anderen wichtigen Faktor.

»Ich werde ihnen morgen Bescheid geben. Heute will ich mir das Angebot einmal gründlich durchrechnen«, antwortete er.

Theobald Reuter grinste. Er hatte wohl offenbar schon damit gerechnet, dass der Junge nicht zu leicht zu überzeugen sein würde. »Damit du die Möglichkeiten genau kalkulieren kannst, lasse ich dir hier noch einige Informationen da. Das Verkaufsgebiet umfasst etwa 2.000 Zeitungen, die jeden Morgen außer Sonntag auszutragen sind und etwa 300 Zeitschriften, die am Mittwoch oder Freitag zu verteilen sind. Wenn du die Koordination und die Beschaffung der Zusteller übernimmst, erhältst du pro Zeitung noch einmal drei Cent und pro Magazin noch einmal sechs Cent extra. Allerdings müssen wir uns auf dich verlassen können.«

»Vielen Dank für das Angebot. Wie kann ich sie erreichen?« beendete Florian das Gespräch.

»Hier ist meine Karte.« Mit diesen Worten überreichte Theobald Reuter Florian seine Visitenkarte. Als er bereits in der Haustür stand, fügte er hinzu: »Wenn du deinen Job gut machst, ... es gibt noch weitere Gebiete, für die wir einen neuen Gebietsleiter suchen.« Dann war er zur Tür hinaus.

Kapitel 32: Das neue Geschäftsmodell

Als Herr Reuter gegangen war, setzte sich Florian wieder an seinen Schreibtisch. Er war total aufgeregt. War das ein gutes Geschäft? Er wollte es so schnell wie möglich in Erfahrung bringen.

Als erstes rechnete er durch: 2.000 Zeitungen x 3 Cent x 6 Tage das ergibt 360 Euro in der Woche. Das war schon mal gar nicht so schlecht. Dann noch die 300 Zeitschriften x 6 Cent = 18 Euro. Nun, die Zeitschriften waren nicht so spannend. Aber die Zeitungen waren es schon. Für ihn als Zwischenvermittler war es durchaus interessant, denn er musste die Zeitungen ja nicht austragen.

Dann überlegte er sich, dass es für den Anfang vielleicht gar nicht so schlecht wäre, wenn er die Zeitungen mal selbst austragen würde, einfach um zu sehen, wie es so liefe und was die Schwierigkeiten dabei sein könnten.

Wie lange brauchte man, um 2.000 Zeitungen auszutragen. Florian hatte keine Ahnung. Er wollte es konkreter und fragte sich daher wie lange er wohl für 100 Zeitungen bräuchte. Pro Zeitung sollte der Austräger 15 Cent erhalten. Wenn man länger als zwei Stunden bräuchte, dann wären das 7,50 Euro, was gar nicht mal so schlecht war. Wenn man es in eineinhalb Stunden schaffen würde, dann wäre es mit 10,00 Euro ein mittlerer Verdienst und würde man es in einer Stunde schaffen, dann wären 15,00 Euro ein sehr guter Verdient. Es hing also davon ab, wie schnell die Verteiler sein würden. Das wiederum hing davon ab, wie gut man sich auskannte und wie weit die zu beliefernden Häuser voneinander entfernt waren. Auf dem Land gab es nur wenige Hochhäuser. Bei alleinstehenden Häusern würde das Verteilen sicherlich viel mehr Zeit in Anspruch nehmen.

Herr Reuter hatte von zwölf umliegenden Ortschaften gesprochen. Es würden also ungefähr 2.000 : 12 = 166,67

Zeitungen pro Ortschaft zu verteilen sein. Vermutlich wäre es dann auch sinnvoll, für jede Ortschaft einen eigenen Fahrer einzusetzen. Außerdem brauchte er ein Reserve-System, falls mal jemand morgens krank aufwachen würde und die Runde nicht fahren konnte.

Florian überlegte hin und her, dann rief er Nela an, um ihr davon zu berichten. Nela war neugierig und interessiert: »Da hast du doch deine Möglichkeit, um einen Teil der Geld-Lücke zu schließen«, sagte sie ihm.

»Ja, schon, aber es bedeutet auch wieder Risiko und Zeiteinsatz«, antwortete Florian.

»Das hast du bisher doch auch nicht gescheut. Schau mal, du bist prädestiniert für diese Aufgabe. Du hast die Fahrer an der Hand. Du hast Fahrradanhänger. Du kennst inzwischen zumindest die Hälfte der Gegend. Wir wissen, wie man die Routen organisiert. Ich finde das eine großartige Geschäftserweiterung!« überzeugte ihn Nela.

»Gut, ich werde gleich mal einige unserer Fahrer anrufen und sie fragen, ob sie dabei wären.«

Florian schrieb eine Nachricht an die 40 Fahrer und fragte, wer von diesen ein Interesse daran hätte, in Zukunft morgens Zeitungen oder am Mittwoch bzw. Freitag Zeitschriften auszutragen.

Viele antworteten innerhalb von wenigen Minuten, andere erst im Laufe des Tages. Bis zum Abend hatte Florian mehr als zwanzig positive Nachrichten. Einige wollten es gerne regelmäßig machen, andere nur als Springer. Florian hatte eine gute Mischung dabei. Natürlich holte er auch die Meinung von seinem Freund und Geschäftsführer Markus ein. Der geschäftstüchtige Junge war hellauf begeistert und wollte Florian nach Kräften unterstützen.

So positiv bestärkt schrieb Florian noch am gleichen Tag abends eine Nachricht an Herrn Reuter und teilte ihm mit, dass er mit seinem Team diese Aufgabe gerne übernehmen

würde. Er schrieb auch dazu, dass sie bereits am kommenden Montag damit starten können.

Herr Reuter antwortete postwendend. Offenbar saß er so
spät nachts noch an seinem Computer und arbeitete.

Kapitel 33: Groß denken

Florian hatte inzwischen ein sehr gutes Gefühl zu der neuen Unternehmung. Er fühlte sich wie ein Multi-Unternehmer. Sein Gebiet umfasste das Ausliefern von Waren. Erst Lebensmittel, dann Getränke und jetzt auch noch Zeitungen und Zeitschriften.

Wann immer er Zeit hatte, las Florian in seinen Büchern. In letzter Zeit war das vor allem das Buch „Way up – den eigenen Traum leben". Das Buch inspirierte ihn sehr. Nachdem er wieder ein Kapitel zu Ende gelesen hatte, schob er das Buch auf die Seite und dachte nach.

Das Gelesene verschwamm mit seiner Wirklichkeit. Wer war er wirklich? Was wollte er im Leben erreichen? Worin bestand seine Aufgabe?

Dann fiel sein Blick auf eine Liste seiner Fahrer. Sorgsam vermied er in seinen Gedanken das Wort Mitarbeiter. Sie waren nicht seine Angestellten. Sie waren selbständige Jugendliche, denen er eine Gelegenheit bot, Geld zu verdienen. Plötzlich traf es ihn wie ein Blitz. Er war ein Arbeitsvermittler für Jugendliche! Er war eine Jobagentur!

Schnell schrieb er diesen Gedanken auf, um ihn nicht mehr zu vergessen. Tatsächlich waren die Jugendlichen seine Kunden. Er suchte Möglichkeiten, wie sie Geld verdienen konnten. Möglichkeiten, die sie selbst nicht sahen oder als einzelne nicht ergreifen konnten. Er schaffte einen Rahmen, in dem sie wirken konnten.

Dann sprangen seine Gedanken zurück zu den Menschen, die sie belieferten, die Menschen, denen sie Lebensmittel aus dem Supermarkt brachten und denen, die nun von ihnen mit Zeitungen beliefert werden würden. Auch sie waren Kunden im weitesten Sinne von ihm. Er hatte also zwei Kundengruppen, die er zusammenbrachte und an der Schnittstelle verdiente er sein Geld.

Schnell wurde Florian klar, dass er dieses Modell noch auf viele andere Bereiche ausdehnen konnte. Ja, das wollte er tun. Er wollte eine Plattform schaffen, auf der Jugendliche den zu ihnen passenden Job finden konnten. Firmen, Behörden, Privatpersonen, Eltern, wer auch immer, konnte sich an sie wenden, wenn er jugendliche Arbeitskräfte bräuchte. Er würde viel Zeit sparen und genauso auch die Jugendlichen. Sie würden von ihm direkt die Angebote erhalten, die zu ihnen passten und die ihnen Spaß machen würden.

Die Agentur würde an jeder vermittelten Arbeitsstunde etwas verdienen. Das konnten Zeitungsaustragen, Gartenarbeit oder Baby-Betreuung sein. Im Grunde war es egal. Er musste eine Kartei mit jobsuchenden Jugendlichen aufbauen, um diese im Bedarfsfall schnell zu kontaktieren. Dann musste er allen in der Stadt klar machen, dass sie jederzeit bei ihm anfragen konnten, um jugendliche Hilfskräfte zu bekommen. Aber wieso nur in der Stadt. Natürlich konnte er das auch in den ganzen Nachbarstädten machen. Er konnte es im Grunde überall machen. Dafür brauchte es nur das Internet und ein Telefon. Die Idee war einfach. Die Tücken und Probleme würden sich schon zeigen.

Mit einem Mal war er Feuer und Flamme für diese Idee. Sie mussten alle Jobs identifizieren und jeden kontaktieren, der einen Job zu vergeben hatte. Einige Jobs hatte er selbst ja schon mit dem Einkaufsservice geschaffen. Jetzt würde das Zeitungaustragen eine weitere Möglichkeit bieten. Das fühlte sich sehr gut an.

Florian stieß auf seine ersten Aufzeichnungen. Dort hatte er für sich selbst Jobs für Jugendliche gesammelt. Er schaute die Liste an. Das konnten sie alles anbieten. Zwar war er persönlich nicht für alle diese Jobs geeignet, aber er musste sie ja auch nicht selbst ausüben.

Er erinnerte sich an die Schmach als er sich um den Babysitter Job bemüht hatte und sich im Vorstellungsgespräch blamiert hatte. Ja, dafür war er nicht geeignet. Er erinnerte sich auch an Herrn Brandmeier von der Promotionsagentur. Möglicherweise kam auch er als Kunde in Frage, wenn er für eine Aktion Jugendliche brauchte.

Während Florian darüber nachdachte, fielen ihm immer mehr Menschen und Unternehmen ein, die Hilfe benötigten, und er könnte ihnen Hilfe unterhalb des Mindestlohnes anbieten. Das war durchaus ein ernstzunehmender Wettbewerbsvorteil. Außerdem mussten für die selbständigen Jugendlichen keine Pauschalabgaben gezahlt werden und die meisten operierten im Rahmen der Kleinunternehmerregelung, so dass auch keine Umsatzsteuern anfielen. Das konnte für die interessierten Betriebe und Privatpersonen eine Menge Geld ausmachen.

Florian wusste, mit Pam im Team würde er so viele Jugendliche in seine Datenbank bekommen wie er benötigen würde. Sie, er und das Team hatten einen direkten Zugang dieser Altersgruppe. Niemand sonst konnte das Vertrauen anderer Jugendlicher so leicht gewinnen wie sie. Eigentlich stellte sich nur die Frage, wo und wann er anfangen sollte.

Für heute ließ er es bei diesen Gedanken bewenden. Das war aufregend genug. Er genoss den Moment und legte sich zufrieden in sein Bett.

Kapitel 34: Der Unternehmer als Aushelfer

Am nächsten Morgen stand erst mal die Schule auf dem Programm. Eine lästige Pflicht für Florian in diesen Tagen. Viel lieber hätte er sich seinen unternehmerischen Ideen hingegeben. Zu allem Unglück bekamen sie auch noch jede Menge Hausaufgaben auf. Das war blöd, denn es gab sehr viel in seinen Unternehmen zu tun.

Dennoch bot die Schule Florian auch einen Vorteil. Er sah dort regelmäßig Markus, Nela und einen Teil der Fahrer. In der ersten großen Pause berief er gleich eine Sitzung mit Nela und Markus ein. Die beiden waren sehr angetan von seiner Idee mit der Jobagentur. Nela interessierte sich sehr dafür, dass auch Mädchen gute Jobs über die Agentur finden sollten und hatte tolle Ideen, wie man an die Baby-Betreuungsaufträge heran kommen könnte. Markus berichtete, dass es mit dem Ausbau des Einkaufsservices gut voran ging. Die beiden neuen Standorte entwickelten sich erwartungsgemäß und er hatte alles im Griff.

Am Nachmittag traf sich Florian mit Herrn Reuter, der ihm das Zeitungaustragen genauestens erklärte und ihm Pläne für die zu fahrenden Routen in die Hände drückte. Florian hatte noch fünf Tage, bis es losgehen sollte. Nachdem er nun die genauen Routen und Stückzahlen kannte, verbrachte er den Rest des Tages damit die zwölf Fahrer auszuwählen und anzurufen, die am kommenden Montag erstmals die Zeitungen ausliefern sollten. Am Abend hatte er sich den Mund fusselig geredet und war froh dass er soweit alles geregelt hatte.

Eine Route hatte er für sich selbst gelassen. Zwar stand schon fest, wer es dann in den kommenden Wochen machen sollte, aber Florian hatte sich in den Kopf gesetzt, selbst einige der ersten Touren zu fahren, um zu sehen, worauf es beim Ausfahren von Zeitungen wirklich ankam. Er schaute sich diese Route besonders gut an und fuhr sie in Gedanken ab. Er kannte fast alle Straßen, die hier genannt waren. Sogar einige der Leute waren ihm bekannt, denn es waren Kunden ihres Einkaufsservices.

Im Gegensatz zu den Zeitungen, die täglich zu verteilen waren, sollten die Zeitschriften am Dienstag geliefert und von Mittwoch bis Freitagabend verteilt werden. Auch hierfür hatte Florian schon Fahrer ausgewählt. Die jungen Leute in Florians Team waren heiß darauf, sich etwas dazu zu verdienen. Alle waren sehr gespannt, wie lange sie wohl brauchen würden. Florian machte ihnen klar, dass es beim ersten Mal, wenn alles noch neu und ungewohnt sein würde, wohl erheblich länger dauern würde und dass es dann sicher von Mal zu Mal schneller gehen würde.

Doch bevor es mit dem Austragen von Zeitungen losging, gab es noch ein Einkauflieferservice-Wochenende. Florian war zu Hause, las in seinen Büchern und dachte ein wenig über alles nach.

Die vier alten Standorte liefen tadellos. Markus, Pam und die beiden anderen inzwischen schon etwas erfahrenen Manager hatten alles im Griff. Markus unterstütze noch zusätzlich die beiden ganz neuen Standorte fünf und sechs.

Gegen Mittag meldete er sich bei Florian. Offenbar gab es Schwierigkeiten bei Standort sechs. Zwei Fahrer waren nicht erschienen und der Manager hatte es erst jetzt gepeilt und sich gemeldet. Markus hatte schon alles versucht, aber weitere Ersatzfahrer standen nicht zur Verfügung und allein die Anreise waren schon fast zehn Kilometer.

Florian dachte kurz nach. Wenn Markus sich meldete, musste es wirklich dringend sein. In den letzten Wochen hatte der Junge alle Probleme wunderbar alleine gelöst. Es würde nichts bringen, ihm Vorhaltungen zu machen.

»Ok«, sagte Florian »ich werde einspringen. Gib mir noch einen Moment, damit ich Nela anrufen kann, um sie zu fragen, ob sie auch mithilft.«

Florian rief Nela an und bat sie um ihre Hilfe. Nela erklärte sich sofort bereit. Sie sagte, dass sie in zwanzig Minuten mit dem Fahrrad bei Florian sein würde. Die Anhänger würden sie dann erst vor Ort erhalten und montieren.

Als Florian sein Fahrrad aus der Garage schob, wurde ihm bewusst, dass er schon lange nicht mehr mit Gewicht gefahren war. Seine Verletzung lag jetzt mehr als ein halbes Jahr zurück. Seitdem hatte er es mit Sport nicht übertrieben und auf das Fußballspielen hatte er ganz verzichtet, um sich zu schonen.

Schnell schob er alle Gedanken beiseite. Das hier war ein Einsatz, um das Unternehmen im Gleichgewicht zu halten. Er wollte die Kunden nicht im Stich lassen. Sie vertrauten auf seinen Lieferservice und dazu hatten sie auch allen Grund.

Als Nela kam, umarmten sie sich und machten sich dann auf den Weg. Sie fuhren zunächst die zehn Kilometer zum Zielort und besuchten den dortigen Manager bei sich zu Hause. Diesem war die ganze Sache megapeinlich. Er hatte bis mittags gehofft, dass die Fahrer nur verschlafen hatten. Daher hatte er nichts vorher unternommen. Als er sie dann angerufen hatte, war denen gar nicht klar, dass sie zum Dienst eingeteilt waren und hatten den Tag schon anderweitig verplant. Das war ärgerlich, aber es half jetzt nichts.

Florian wies seinen Manager darauf hin, dass sie nicht zum Diskutieren gekommen waren. Er verlangte für sich und Nela die Anhänger, die Routenpläne und die Einkaufslisten. Dann fuhren sie zum Supermarkt. Jeder von ihnen hatte neun Kunden zu beliefern. Es würden zwei Touren werden. Für beide würden sie je etwa drei Stunden brauchen. Viel länger durfte es auch nicht dauern, wenn sie die Runden vor Anbruch der Dunkelheit bewältigen wollten.

Es war ein merkwürdiges Gefühl nach so langer Zeit wieder einmal selbst zu fahren. Florian genoss es, die Waren an die Kunden auszuliefern. Hier und da bekam er auch Trinkgeld. Das hatte er bisher ganz getilgt. Seine Fahrer bekamen ja oft sogar noch mehr als den Stundenlohn. Als halber Steuerexperte überlegte er, wie das wohl war, ob Menschen, die zum Beispiel in Restaurants ein Trinkgeld bekamen, dieses auch versteuern mussten. Oder würden sie dieses gar nicht angeben und einfach als Schwarzgeld behalten? Keiner wusste ja wie viel sie bekamen.

Er beschloss, dass dies nicht seine Angelegenheit sein musste und konzentrierte sich auf das Erledigen der Aufträge.

Als er nach getaner Abend mit Nela die zehn Kilometer zurück nach Hause fuhr, da spürte er jeden Muskel. Es war für ihn ein anstrengender Tag gewesen. Er war wirklich platt und sehnte sich nach seinem Bett.

Florian wurde bewusst, dass er für das Fahren ca. 50 Euro verdient hatte, wie seine anderen Fahrer auch. Durch die Hin- und Rückfahrt war er insgesamt fast sieben Stunden unterwegs gewesen.

Als Unternehmer bekam er an diesem Tag mehr als 1.500 Euro dafür, dass er das System aufgesetzt hatte. Einmal mehr wurde Florian klar, was es bedeutete am statt im Unternehmen zu arbeiten. Heute hatte er mal wieder im Unternehmen gearbeitet.

Nela ging noch mit auf sein Zimmer. Sie legten sich Musik auf und kuschelten noch eine Runde. Irgendwann schliefen sie beide ein.

Sie bemerkten nicht als gegen 23:00 Uhr Florians Eltern in das Zimmer kamen, um nach den beiden zu sehen. Engumschlungen lagen sie angezogen ineinander gekuschelt. Florians Mutter konnte sich ein Lächeln nicht verkneifen.

Inzwischen kannte sie Nelas Eltern ganz gut. Im letzten halben Jahr hatten sie sich hier und da getroffen und einige Berührungspunkte über die Kinder gehabt. Frau Goldacker nahm das Telefon in die Hand und wählte die Nummer von Nelas Eltern. Schnell schilderte sie die Szene und fragte, ob es in Ordnung sei, dass Nela ausnahmsweise heute bei ihnen übernachten würde.

Erst gab es eine kurze Pause in der Leitung. Dann räusperte sich Nelas Vater.

Frau Goldacker beeilte sich zu sagen: »Natürlich passen wir auf, dass nichts passiert.«

»Gut, dann sind wir damit einverstanden. Sie sind ja keine kleinen Kinder mehr«, dann lachten sie gemeinsam.

Die beiden Teenager merkten davon nichts. Selig schlummerten sie vor sich hin und ruhten sich von ihrer anstrengenden Tour aus.

Kapitel 35: Ein freier Sonntag

Am nächsten Morgen erwachte zunächst Nela. Wo war sie? Dann fiel ihr ein, dass sie am Vorabend mit Florian hier kuschelnd eingeschlafen war. Als sie sich bewegte, wachte Florian ebenfalls auf. Seine Augen öffneten sich und sofort als er Nela sah, huschte ein Lächeln über seine Lippen. Dann küsste er Nela.

Als er sich bewegen wollte, spürte er einen heftigen Muskelkater und dann fiel ihm alles wieder ein. Die beiden Teenager schauten sich an und mussten loslachen. Nela beruhigte sich als Erstes: »Meine Eltern werden in Todesangst sein.«

»Das glaube ich nicht«, antwortete Florian, der sich gerade aufschwang, um draußen nach dem Rechten zu sehen.

Herr und Frau Goldacker saßen schon beim Frühstückstisch und unterhielten sich angeregt über einen Zeitungsartikel. Als sie Florian sahen, wünschten sie ihm einen schönen guten Morgen und fragten ihn, wie es seiner Lady ginge. Aha, sie hatten es natürlich mitbekommen.

»Sehr gut, wir werden langsam wach. Wissen ihre Eltern, wo sie ist?« fragte er.

»Ja, alles in Ordnung, wir haben gestern Abend noch angerufen und uns die Erlaubnis eingeholt«, antwortete Florians Mutter.

»Das ist großartig! Vielen Dank. Wir werden noch eine Runde schlafen, mir tun alle Knochen weh«, sagte Florian und verschwand wieder in sein Zimmer.

Dort angekommen kuschelte er sich wieder zu Nela ins Bett. Sie küssten sich, schauten sich lange in die Augen und träumten noch ein wenig vor sich hin.

Irgendwann war es dann Zeit aufzustehen. Da sie ja in ihrer Kleidung eingeschlafen waren, machten sie sich gar nicht erst die Mühe etwas Frisches anzuziehen. Nela war es erst ein wenig peinlich so am Frühstückstisch zu erscheinen, aber Florian versicherte ihr, dass seine Eltern sie wirklich mochten und in ihrer Jugend auch allerhand Verrücktes unternommen hatten.

»Ah, Papa, du hast Brötchen geholt, das ist klasse!« sagte Florian.

Herr Goldacker nickte dankend und fügte hinzu: »Die lieferst du ja noch nicht.«

Als Florian das hörte, musste er grinsen: »Sonntagsbrötchen? Warum eigentlich nicht? Das könnte eine neue Geschäftsidee werden. Ich sollte es mir gleich notieren. Vielleicht gibt es noch mehr Kunden, die das gerne hätten.«

Nela boxte ihm sanft in die Rippen. Dann genossen die beiden ein ausgedehntes Frühstück mit Nougat-Aufstrich auf den Brötchen und Ei. Dazu tranken sie Fruchtsäfte und aßen Obst. Einen solchen Tag hatten sie sich so richtig verdient.

Gegen 11:00 Uhr beendeten sie das Frühstück und beschlossen schwimmen zu gehen. Einige Kilometer entfernt gab es ein schönes Thermalbad mit warmem Wasser. Florian mochte es nicht, wenn es so kalt war. Daher waren Sportschwimmbecken eher nichts für ihn. Um in das Schwimmbad zu kommen, mussten sie rund eine halbe Stunde mit dem Bus fahren.

Als Nela aus der Umkleide kam, warf Florian einen Blick auf ihre Figur. Dabei bemühte er sich, es so zu machen, dass sie es nach Möglichkeit nicht mitbekam. Doch Nela grinste nur und schaute ganz demonstrativ auf seine Badehose. Schnell flüchtete sich Florian ins nächstgelegene Becken. Nela folgte.

Es war eine Wohltat einen Teil des eigenen Körpergewichts dem Wasser anzuvertrauen. Aufeinanderliegend ließen sie sich vom Wasser treiben und verbrachten einen wunderbaren Nachmittag im Schwimmbad.

Auf dem Rückweg sahen sie vom Bus aus, dass in der Villa von Eduardo von Landmann Licht brannte. Offenbar war Florians Mentor von seinem ausgedehnten Winterurlaub auf Hawaii wieder zurückgekommen. Sie beschlossen spontan, ihn zu besuchen. Sie drücken auf »Halt« und stiegen bei der nächsten Bushaltestelle aus.

Kapitel 36: Der Mentor ist zurück

Eduardo begrüßte sie sehr herzlich und lud sie zu Kakao mit Kuchen ein. Als sie so beieinander saßen, da gab es vieles zu erzählen. Eduardo hörte sich Florians Erlebnisse neugierig an. Durch Florians Anruf wusste er ja schon einen kleinen Teil der Geschichte. Nun erfuhr er alles und wie es danach weitergegangen war.

Als Florian geendet hatte, saß Eduardo etwas bekümmert da und sagte: »Das tut mir furchtbar leid. Natürlich wollte ich über das Steuerthema mit dir noch reden, aber ich dachte nicht, dass sich dein Unternehmen so schnell entwickeln würde. Wirst du denn das Geld für das Finanzamt rechtzeitig zusammen bekommen?«

»Ich denke weitestgehend. Es fehlen noch ein- bis zweitausend Euro, von denen ich nicht weiß, wo ich sie herbekommen soll«, antwortete Florian.

»Wenn du keinen anderen Weg findest, werde ich sie dir gerne leihen, denn ich bin sicher, dass du in naher Zukunft ein Vielfaches davon verdienen wirst«, bot ihm Eduardo an.

Florian war innerlich erleichtert. Jetzt hatte er die Gewissheit. Der Mentor war wieder da und spätestens jetzt wusste er, das Blatt würde sich zum Guten wenden: »Vielen Dank!«

»Aber es war eine gute Lektion für dich. Jetzt bist du mit den Steuern auf der Hut. Hast du nun einen Steuerberater? Wird Manfred Schmidt dich in Zukunft unterstützen oder berät der dich nur bezüglich der Steuerfahndung?« wollte der Mentor wissen.

»Ja, Manfred Schmidt und sein Team übernehmen nun meine Steuern. Ich habe bald einen Termin vor Ort. Sie haben jedenfalls beim Finanzamt meine Vertretung angezeigt. Wahrscheinlich bekommen wir auch von der jetzt zu zahlenden Summe wieder etwas zurück, wenn wir die Jahressteuererklärung machen«, erklärte Florian.

»So wie du die Sachen angehst und dich von einer Unternehmung in die nächste stürzt, ist das sehr wichtig, dass du in guten steuerlichen Händen bist«, kommentierte Eduardo.

»Nun aber zu dir. Wie war es denn auf Hawaii?« wollte Florian wissen.

»Es war einfach herrlich. Für ein paar Wochen ist Hawaii wirklich ein Paradies auf Erden, das ich mir jedes Jahr gönne. Natürlich darf man nicht ewig dort bleiben, sonst gewöhnt man sich schnell daran und dann ist es nichts Besonderes mehr. Weißt du, wir Menschen passen uns viel zu schnell an alles Materielle um uns herum an. Wenn wir ein großes Haus haben, dann wissen wir es schnell nicht mehr zu schätzen. Das Gleiche gilt für ein großes Auto und genügend Geld. Am Anfang ist alles großartig, aber dann ist es normal.

Was ich aber nie vergessen werde, dass sind die Erlebnisse mit den Menschen, die ich auf Hawaii getroffen habe. Dort herrscht so ein ganz anderer Umgang mit Zeit. All die Hektik und der Stress, den wir hier in Deutschland oft haben, sind dort wie weggeblasen. Die Menschen sind einfach offen und kontaktfreudig. Habt ihr schon einmal etwas von Ho'oponopono gehört?«, fragte der Mentor.

Die beiden Jugendlichen mussten verneinen. Davon hatten sie noch nie etwas gehört.

»Dann erkläre ich es euch. Ho'oponopono ist ein hawaiianischer Brauch zur Aussöhnung und Vergebung. Die Menschen auf Hawaii machen das regelmäßig im Kreise ihrer Familie. Dabei reinigen sie die zwischenmenschlichen Beziehungen und vergeben sich gegenseitig. Die Hawaiianer glauben, dass Ärger Krankheiten verursacht. Florian, gibt es gerade jemanden oder eine Sache, auf den oder die du sauer oder wütend bist.«

Florian musste sofort an Thomas Ewald denken. Er hatte ihm schon so viel Ärger bereitet. Daher antwortete er wahrheitsgemäß: »Ja, gibt es.«

»Dann möchte ich dich bitten, dass du mir gleich einmal nachsprichst. Wir machen jetzt eine Kurzversion dieses Verfahrens. Denke dabei an die Person.«

»Ok.«

»Sage: Es tut mir leid!«

Florian wiederholte den Satz.

»So erkennst du das Problem an. Sage dann: Ich liebe dich!«

»Ich liebe dich!«

»Und sage nun: ich bitte um Vergebung!«

»Ich bitte um Vergebung!«

»Als letztes sage: Danke, Danke, Danke!«

»Danke, danke, danke!«

Als Florian das ausgesprochen hatte, fühlte er sich plötzlich sehr befreit und in tiefem inneren Frieden mit sich selbst, Thomas Ewald und den ganzen Ereignissen. Es war als hätte er alle Sorgen und den ganzen Ärger an eine höhere Weisheit abgegeben. Normalweise glaubte er nicht an Geister oder höhere Wesen, aber irgendwie fühlte es sich gut an.

Zufrieden lächelte ihm Eduardo zu. Dann sagte er: »Unsere Gedanken haben eine große Macht. Sie sorgen dafür, ob wir zufrieden oder unglücklich sind. Lasse Zorn, Ärger und Hass los. Glaube an deinen Erfolg und du wirst ihn verursachen. Als Unternehmer sind wir Schöpfer der Wirklichkeit. Vergiss bitte niemals, dass du durch deine Gedanken die Zukunft gestaltest.«

Als nächstes zeigte Eduardo Florian und Nela Bilder von der Insel Hawaii und seinen Einwohnern. Sie sahen bunt geschmückte Menschen, deren Gesichter mit roter Farbe angemalt waren. Sie hatten sich in bunte Tücher gehüllt und fast alle lachten auf den Bildern. Dann sahen sie prächtige Sandstrände mit schönen Palmen und dem typischen Blau des Pazifiks.

Eduardo berichtete den beiden den ganzen Abend über seinen Aufenthalt auf Hawaii. Die beiden Jugendlichen schauten sich dabei ein ums andere Mal verstohlen an. Dabei verrieten ihre Blicke, dass in ihnen die Sehnsucht, einmal nach Hawaii zu fliegen, erwacht war.

Als es dämmerte verabschiedeten sie sich und liefen zu Florian nach Hause. Nela hatte dort noch ihr Fahrrad stehen. Als sie vor der Tür standen, sagte sie zu Florian: »Es war ein wunderschöner Tag, mein Prinz. Wir sehen uns morgen in der Schule.«

Beschwingt und glücklich ging Florian in das Haus seiner Eltern. Als er in sein Zimmer kam, fiel ihm ein, dass er morgen zum ersten Mal die Zeitungstour zu fahren hatte. Erst in diesem Moment spürte er wieder seinen Muskelkater.

Kapitel 37: Die Zeitungstour

Am nächsten Morgen klingelte um 5.00 Uhr Florians Wecker. Gerne hätte er sich noch einmal aus Bequemlichkeit umgedreht, aber es ging nicht. Er brauchte etwas Puffer für seine erste Zeitungstour. Um 8:45 Uhr musste er in der Schule sein.

Er quälte sich aus dem Bett, nahm den Muskelkater zur Kenntnis und duschte schnell. Dann zog er sich an und trat ohne Frühstück nach draußen an die frische Luft. Ein kühler Windstoß ließ ihn schnell wach werden.

Die Zeitungen lagen sorgfältig gebündelt bereit. Er verstaute sie in seinem Fahrradanhänger und befestigte diesen an seinem Fahrrad. Er hatte das im letzten Jahr so oft gemacht, dass es ihm leicht von der Hand ging. Fünf Minuten später war er auch schon unterwegs.

Als Startpunkt hatte er sich eine Gegend ausgesucht, in der er sich besonders gut auskannte. Hier lief es zunächst wie am Schnürchen. Florian fand die angegebenen Adressen und steckte die Zeitung in das Zeitungsrohr oder einfach in den Briefkasten. Manchmal war dieser zu klein, so dass er die Zeitung einfach in eine geschützte Ecke vor die Tür legte.

Die meisten Menschen schliefen noch. Die Häuser waren dunkel. Das änderte sich im Verlauf der ersten Stunde. Nach und nach erwachte die ganze Stadt zum Leben. Hier und da öffneten Menschen ihm die Tür als sie ihm am Briefkasten sahen und Florian drückte ihnen die Zeitung persönlich in die Hand.

Die Route von Florian umfasste ca. 200 Zeitungen. Er hatte zunächst gedacht, dass er sie in zwei Stunden ausliefern könnte. Doch nach einer Stunde merkte er, dass er sich getäuscht hatte. Er kam jetzt in Gegenden, in denen er sich nicht so gut auskannte. Manchmal waren die Hausnummern nicht gut erkennbar, Briefkästen unzureichend beschrieben und sein Routenplan viel zu grob, um genau erkennen zu können, wo es lang ging. Er musste einen Zahn zulegen, wenn er es rechtzeitig zur Schule schaffen wollte. Schnell verwarf er die Option, die Zeitungen vielleicht nach der Schule noch auszutragen. Das kam nicht in Frage. Bestimmt wollten einige der Leute ihre Zeitung beim Frühstück lesen und nicht erst beim Abendessen, wenn sie von der Arbeit zu Hause waren.

Florian spürte die lange Tour vom Samstag in den Beinen. Gerade, wenn er glaubte, dass es nun schneller ginge, kam wieder eine Adresse, die er nicht finden konnte. Manchmal blieb ihm gar nichts anderes übrig als Vorbeigehende zu fragen. Das kostete Zeit, die er nicht hatte.

Nach fast drei Stunden war er endlich fertig. Müde und verschwitzt radelte er nach Hause, um sich noch schnell für die Schule fertig zu machen. Als sein Blick auf sein Telefon fiel, entdeckte er eine Menge Anrufe. Offenbar war es den anderen Jungen, die heute zum ersten Mal ihre Tour fuhren, ähnlich ergangen.

Er musste jetzt abwägen. Wenn er sie zurückrufen würde, dann würde er vermutlich zu spät zur Schule kommen. Andererseits wären sie sicherlich enttäuscht, wenn er es nicht täte. Etwas verzweifelt über die Situation schrieb er den Anrufern eine schnelle Nachricht: »Kann jetzt auch nichts ändern. Wir sprechen uns nach der Schule.«

Dann beeilte er sich in die Schule zu kommen. An diesem Morgen hatte er nicht einmal Zeit, um Nela anständig zu begrüßen. Als er im Klassenzimmer Platz genommen hatte, da spürte er erst, wie viel Stress er gehabt hatte. Jetzt war auf einmal alle Hektik weg und Florian tauchte ein in die Welt der Mathematik.

In der großen Pause sprach er mit Nela und erzählte ihr von seiner Tour und den aufgetretenen Komplikationen.

»Gut, dass du selbst die Tour gefahren bist. Jetzt hast du am ehesten eine Idee, was noch zu verbessern ist und was die Fahrer brauchen«, sagte sie zu ihm.

Das stimmte. Florians sich formender Unternehmergeist hatte schon beim Ausfahren über Möglichkeiten nachgedacht, wie man durch effizientere Vorbereitung Zeit sparen konnte. Natürlich, wenn immer der gleiche Schüler die Routen fuhr, dann wusste er irgendwann auch wo die schwierigsten Adressen waren, aber sobald sie mit Ferienvertretungen arbeiten würden, wäre die erste Tour eine unerträgliche Qual.

Als Markus die beiden sah, kam er auf sie zu und sagte: »Du siehst wirklich ganz schön fertig aus, Florian.«

»Das bin ich auch, mein Lieber. Ich bin es einfach nicht mehr gewohnt, so viel körperlich zu arbeiten. Erst die Tour am Samstag und jetzt heute nochmal. Das war echt harte Arbeit«, antwortete Florian.

»Ich fürchte, ich kann dir da nicht so viel helfen. Momentan bin ich mit dem Ausbau des Einkaufsservice sehr beschäftigt. Du hast ja gemerkt, dass die neuen Manager Unterstützung brauchen. Wir brauchen neue Fahrer und ein paar Kunden mehr wären auch nicht so schlecht.«

Florian nickte zustimmend. Er hatte sich schon gedacht, dass er für den Bereich Zeitungaustragen einen neuen Geschäftsführer brauchte, der ihm hier die Arbeit abnehmen konnte und alles koordinierte inklusive eigenem Einspringen, wenn Not am Mann wäre.

Kapitel 38: Optimierung der Routen

Gleich nach den Hausaufgaben rief Florian die Zeitungsausträger an, die ihm am Morgen aufs Band gesprochen hatten. Vielen war es in der Tat genauso wie ihm ergangen. Zwei hatten ihre Route abbrechen müssen, um noch rechtzeitig zur Schule zu kommen. Florian ermunterte sie, die restlichen Zeitungen jetzt gleich auszutragen, so dass sie wenigstens am Nachmittag bei den Lesern sein würden.

Alle gaben aber auch zu, dass die Route beim zweiten Mal sicherlich viel einfacher und schneller zu fahren sein würde. Florian sprach ihnen Mut zu und erzählte auch von seinen eigenen Erfahrungen. So erkannten die anderen, dass es nicht einfach leeres Gerede war, sondern dass er wirklich wusste, wovon er sprach und die gleiche Erfahrung wie sie gemacht hatte.

Als er mit allen gesprochen hatte, schnappte er seinen Routenplan und fuhr die gesamte Route noch einmal ab. Dabei notierte er alle Besonderheiten, die es einem Austräger schwerer machen konnten. Er notierte, welche Briefkästen nicht beschriftet waren, wo die Hausnummern fehlten und wo es Hunde gab, die einen wirklich erschrecken konnten. Er brauchte für diese Runde fast genauso lang wie am frühen Morgen. Aber er wusste: Am nächsten Tag würde er deutlich schneller sein.

Wieder Zuhause ging er ins Internet und verfolgte seine Route bei einem Online Routenplaner. Es war erstaunlich, wie detailliert man hier alles sehen konnte. Aus der Kombination seiner Aufzeichnungen und dem Online Routenplaner erstellte er den perfekten Plan für die Route. Damit würde sich auch ein Aushilfsfahrer deutlich leichter tun und konnte die Runde in einer anständigen Zeit bewältigen.

Am nächsten Morgen ging es schon viel einfacher und Florian schaffte seine Tour in zwei Stunden. Hier und da fügte er noch weitere Anmerkungen zu seinen Aufzeichnungen hinzu. Am dritten Tag gab es nichts mehr auszusetzen.

Dann machte er Fotos von seinen neuen Routenplänen und schickte sie an die Jungen, die die anderen Routen übernommen hatten. Einige waren sehr begeistert und wollten es ihm nachmachen. Andere hielten das für Zeitverschwendung. Gutes Zureden half nichts. Da er sie nicht zwingen konnte, nahm sich Florian vor, dass er sie einfach einmal bei einer Runde begleiten wollte, um dann selbst einen optimierten Routenplan anzufertigen.

Am Mittwoch stand für Florian eine weitere Aufgabe an. Es galt die Zeitschriften zu verteilen. Hier war das Zeitfenster nicht so eng. Die Zeitschriften kamen jeweils am Dienstag an und sollten bis Freitag verteilt sein. Die beteiligten Jugendlichen hatten sich dafür ausgesprochen, dass jeder von ihnen ca. 100 Magazine verteilen wollte. Das waren große Touren, aber sie wollten sich die fälligen 60 Euro verdienen und nicht nur eine Hälfte davon.

Für den Nachmittag hatte sich Florian mit Anton verabredet, um mit ihm mitzufahren. Er wollte sehen, wie es ihm dabei erging und welche Schwierigkeiten hier auftreten würden.

Während die Zeitungen meistens in mehrere Häuser einer Straße einzuwerfen waren, musste für die Magazine in der Regel eine eigene Straße angefahren werden. Die Strecken lagen weiter auseinander. Da es verschiedene Magazine waren, musste auch viel genauer darauf geachtet werden, wer welches Magazin bekommen sollte. Als Austräger musste man sich dabei schon etwas konzentrieren. Zweimal verhinderte Florian, dass Anton ein falsches Magazin den Briefkasten gesteckt hätte. Einmal war es zu spät.

Florian klingelte an der Tür. Zum Glück jemand zu Hause! Er erklärte den Fehler und der Besitzer schmunzelte, als er die falsche Zeitschrift aus seinem Briefkasten holte und diese gegen die richtige Zeitschrift austauschte.

Zu den Zeitschriften, die sie auszutragen hatten, gehörte auch eine Erotik-Zeitschrift. Die beiden Jungen ließen es sich nicht nehmen, sie einmal vorsichtig durchzublättern. Wer die wohl bekam? Sie waren sehr neugierig, als sie an die angegebene Adresse kamen. Als sie klingelten, öffnete eine attraktive Frau in den Dreißigern. Wortlos überreichen sie das Magazin. Die Frau lächelte sie cool an, bedankte sich und lud sich mit einem verführerischen Augenaufschlag ein, in die Wohnung zu kommen.

Die Jungs lehnten dankend ab und fuhren weiter. Ein paar Adressen weiter passierte es. Anton wollte eine Zeitschrift in den Briefkasten stecken, weil niemand auf das Klingeln reagiert hatte. Doch die Zeitschrift passte nicht rein. Er versuchte es mit etwas mehr Kraft, aber es ging nicht. Sie schaute zu zwei Dritteln heraus. So konnte er es nicht lassen. Wenn es regnen würde, wäre die Zeitschrift unbrauchbar. Er versuchte sie wieder heraus zu ziehen und dabei riss die Titelseite entzwei. Vor Schreck schauten sich die Jungen an. Was sollten sie jetzt tun? Sie konnten doch dem Kunden nicht einfach das kaputte Magazin vor die Türe legen. Das würde sicher zu einer Beschwerde führen.

Sie beschlossen erst einmal weiter zu machen und sich im Anschluss etwas zu überlegen. Es war schon dunkel, als sie alle ausgetragen hatten und sich wieder dem Haus mit dem verstopften Briefkasten näherten. Innen brannte Licht. Offenbar war inzwischen jemand zu Hause. Mit zittrigen Händen klingelten sie. Sie erwarteten eine Menge Ärger.

Der Mann, der ihnen öffnete, schaute von einem zum anderen, als frage er sich, was sie wohl von ihm wollten. Florian hielt ihm die Zeitschrift entgegen: „Wir sind die neuen Zusteller. Es tut uns sehr leid. Ihr Briefkasten war so voll, dass wir das Magazin nicht mehr untergebracht haben und es leider beim Herausziehen beschädigt haben. Wir wissen nicht, was wir jetzt tun können. Wenn Sie darauf bestehen, ersetze ich Ihnen aber den Schaden."

Der Mann lächelte und sagte: »Lass mal gut sein. Gebt halt in Zukunft acht, dass es nicht wieder passiert. Dann zeigte er ihnen einen Platz an der Seite des Hauses, der vor Regen geschützt war. Hier hat es euer Vorgänger immer abgelegt. Da könnt ihr es in Zukunft auch hinlegen.«

Die beiden Jungen bedankten sich. Alles war gut gegangen. Erschöpft und glücklich fuhren sie zu Florian nach Hause. Dort besprachen sie noch einmal die Route und machten sich Notizen zur besten Vorgehensweise. Für Florian war das inzwischen selbstverständlich. Anton staunte darüber, wie systematisch Florian an solche Dinge heran ging. Beim nächsten Mal würde er die Route alleine fahren und durch Florians Unterstützung war die Aufgabe jetzt viel einfacher.

Kapitel 39: Mit Disziplin zum Erfolg

Nach der ersten Woche gab Florian seine Tour an einen der Interessenten ab. Beim ersten Mal begleitete er ihn und lernte ihn direkt beim Austragen an. Das Honorar ging natürlich an den neuen Fahrer.

Am letzten Januarwochenende bescherte ihm der Einkaufsservice 1.517 Euro und kurz darauf kamen 900 Euro vom Getränkehändler für den ganzen Monat. Die Zeitungen und Zeitschriften bescherten Florian pro Woche 378 Euro. Insgesamt hatte Florian Ende Januar 5.500 Euro Barvermögen. Er vermutete, dass es nicht ganz reichen würde, um die vom Finanzamt geforderte Summe zu bezahlen. Dennoch ging er weiter mit äußerster Disziplin ans Werk.

Jeden Tag begleitete Florian nun einen neuen Austräger. Auch wenn es für ihn eine Qual war, so früh aufzustehen, so wollte er doch alle Routen wenigstens einmal begleitet haben. Er war eifrig und pflichtbewusst. Dies war sein Unternehmen und er hatte bald zu allen Routen einen vollständigen Plan. Außerdem konnte er so seine Beziehungen zu den Austrägern deutlich verbessern. Sie wussten nun, dass er nicht nur zu Hause herum saß, sondern, dass er auch Anpacken konnte und Dinge verbesserte.

Überall hatten die Austräger nach ein paar Tagen erheblich an Geschwindigkeit zugenommen und waren insgesamt recht zufrieden mit der Aufgabe. Was Florian hier noch fehlte, war ein Manager, der so wie Markus die Geschicke lenkte, so dass er selbst sich gar nicht mehr darum zu kümmern brauchte. Viele der Austräger waren sehr tüchtig, aber Florian fand es nicht gut, wenn sie selbst mit Ausfahren beschäftigt werden. Der Manager sollte zu Hause sein und im Notfall für Ersatz sorgen oder dann gegebenenfalls selbst einspringen, wenn es gar nicht anders ging. Ein paar Tage vergingen, aber kein geeigneter Manager kam des Weges. So blieb es vorerst an Florian hängen.

Die Samstage verliefen weiterhin sehr erfolgreich. Markus und Pam wollten auch im Februar für zwei weitere Standorte sorgen. Der erste startete gleich am ersten Februarwochenende. Der zweite war für zwei Wochen später geplant.

Nachdem Florian alle Zeitungsausträger einmal begleitet hatte, genoss er es wieder bis um 7:00 Uhr auszuschlafen. Es fühlte sich wie ein echter Luxus an.

Am 11.02, dem letzten Samstag vor Ablauf der Frist, erzielte Florian mit den nunmehr sieben Standorten einen Gewinn von 1.800 Euro. Zusammen mit allen anderen Einnahmen war er nun bei 9.373 Euro angelangt. Als er sich abends das Geld bei Markus abholte, drückte ihm dieser noch einen Umschlag in die Hand. Darin waren 2.550 Euro. Er sagte dazu: »Das ist das Geld aus den Rücklagen. Wir haben nur einen Teil davon bisher aufgebraucht. Dir wird es jetzt helfen, die geforderte Summe zusammen zu bekommen.«

Florian rechnete schnell nach. Es reichte! Zusammen mit den 11.000 Euro, die beschlagnahmt worden waren, hatte er die 22.900 gerade so erreicht. Ein kleines Siegesgefühl durchzuckte ihn. Noch war er nicht aus allen Sorgen heraus. Es war noch unklar, ob der Staatsanwalt das Verfahren nach der Zahlung der fälligen Steuer gegen eine kleine Strafe für den Verstoß einstellen würde oder ihm ein Strafverfahren wegen Verdacht auf Umsatzsteuerhinterziehung drohte. Außerdem würde in Kürze die Zahlung der Umsatzsteuervorauszahlung anstehen und auch das Honorar für den Steueranwalt stand noch aus, aber zumindest hatte er es geschafft, die geforderte Summe rechtzeitig aufzutreiben. Ihm fiel ein Stein vom Herzen.

Kapitel 40: Die Überweisung

Am Montag brachte Florian sein Geld zur Bank. Seine Kundenbetreuerin Frau Schmidt, die nicht mit dem Steueranwalt verwandt war, schaute ihn sehr erstaunt an, als sie das Geld nachzählte. Eine so große Summe hatte sie Florian gar nicht zugetraut. Sie war zwar selbst Kundin seines Dienstes und bekam mit, wie ihr Woche für Woche Waren aus dem Supermarkt und seit kurzem auch Getränke nach Hause geliefert wurden, aber dass das Geschäft inzwischen solche Ausmaße angenommen hatte, hatte sie nicht erwartet.

Florian erklärte es ihr kurz und überwies dann mit ihrer Hilfe das Geld an die angegebene Stelle. Frau Schmidt kontrollierte die Zahlen noch einmal ganz genau, damit nicht am Ende noch ein Zahlendreher drin war. Florian erhielt den Durchschlag des Überweisungsbeleges.

Als er die Bank verließ, fühlte er sich frei. Ihm wurde bewusst, dass er finanziell zwar wieder einmal bei Null angekommen war, doch er fühlte sich reich an Erfahrungen.

Irgendwie war das schon verrückt. Seit Mai letzten Jahres verdiente er gutes Geld und dennoch hatte er es nach einem Dreiviertel Jahr immer noch nicht geschafft, wirklich Geld zu haben. Aber das Merkwürdigste daran war, dass er glücklich und stolz war. Er hatte so viel gelernt. Bei seinem neusten Unternehmen vermied er gleich von Anfang an viele Fehler. Das würde sich auf lange Sicht auszahlen.

Vor ihm lag eine glänzende unternehmerische Zukunft. Ab heute würde er wirklich Geld verdienen, dass dann in seiner Tasche landen würde. Bereits morgen früh waren wieder die Zeitungsausträger unterwegs. Am Mittwoch würden die Magazine verteilt werden und am Samstag war der Einkaufsservice dran. Es war beflügelnd zu wissen, dass er buchstäblich Geld verdiente, während er schlief. Dabei dachte er an die Zeitungsausträger, die bereits morgens um 5:00 Uhr unterwegs waren.

Sein Unternehmen war für ihn ein richtiges Abenteuer geworden. Jeden Tag gab es neue Dinge zu entdecken. Als er sich an die Steuerfahndung erinnerte, dachte er bei sich, dass es auch ruhig etwas weniger dramatisch hätte sein können. Aber irgendwie war es schon auch cool. »Was mich nicht umbringt, macht mich nur härter«, dachte er bei sich.

Es war Valentinstag und natürlich war Florian mit seiner Nela verabredet. Sie trafen sich bei ihrem Lieblingsitaliener. Bei Kerzenschein saßen sie sich gegenüber und lächelten einander an. Nela hatte sich für diesen Anlass richtig zurechtgemacht. Es war ihr erster Valentinstag. Florian hatte eine langstielige rote Rose zum Restaurant mitgebracht. Der Kellner stellte sie in eine Vase, die zwischen ihnen mitten auf dem Tisch stand. So sagten sie sich nun nette Dinge quasi durch die Blume. Es wurde ein wunderschöner Abend.

»Heute müsstest du bezahlen. Ich bin pleite«, sagte er zu Nela.

Das Mädchen mit den roten Haaren lächelte darüber nur.

Florian wird Unternehmer Band 1
DAS ERSTE GELD

Im ersten Band möchte sich Florian Goldacker Geld dazu verdienen und gründet einen Supermarkt-Einkaufsservice.

ISBN 978-3-940692-51-1
Auch als eBook erhältlich.

Florian wird Unternehmer Band 2:
DAS WACHSTUM

Im zweiten Band der Reihe warten neue unternehmerische Abenteuer auf Florian Goldacker und seine Freunde.

ISBN 978-3-940692-52-8
Auch als eBook erhältlich.

Florian wird Unternehmer Band 3:
DIE JOBAGENTUR

Im dritten Band der Reihe startet Florian Goldacker mit seinen Freunden eine Jobagentur für Jugendliche.

Mehr Informationen zur Fortsetzung der Reihe unter:
www.florian-wird-unternehmer.de

Landsiedel Unternehmer-Akademie

Der Traum von unternehmerischer Freiheit, neuen Entfaltungsmöglichkeiten und die Aussicht auf hohe Einkünfte stehen zum Zeitpunkt der Unternehmensgründung häufig im Vordergrund.
Allzu oft werden die miteinhergehenden Herausforderungen unterschätzt oder übersehen. Unmotivierte Mitarbeiter, hohe Forderungen des Finanzamtes, unvorhergesehene Änderungen am Markt, zu wenig Zeit und ein ›Boot ohne Kurs und ohne Steuermann‹.

Die Landsiedel Unternehmer-Akademie unterstützt Unternehmer und Selbständige dabei, Erfolgsstrategien für ihren eigenen Betrieb zu entwickeln.
Mit praxiserprobten Werkzeugen gelingt es die Weiterentwicklung voranzutreiben, die Umsetzung zu gestalten und wieder neu durchzustarten.

»Mehr *am* statt nur *im* Unternehmen zu arbeiten«, heißt die Erfolgsformel. Dazu werden in den Seminaren geballtes Knowhow, praxisorientiertes Training, zahlreiche Methoden und Motivationsimpulse kombiniert. So gelingt es, Systeme im Unternehmen aufzubauen, die dem Unternehmer Freiheit und Wohlstand bringen.

In unserer Unternehmerwoche lernen Unternehmer ihr Unternehmen mit anderen Augen zu sehen und eine erfolgreiche Richtung einzuschlagen.

Florian wird Unternehmer

Mit der Initiative ›Florian wird Unternehmer‹ wollen wir vor allem Jugendliche und junge Gründer dabei unterstützen, selbst Verantwortung für sich, ihr Leben und ihre Berufung zu übernehmen, indem wir sie befähigen, ihr eigenes Unternehmen aufzubauen. Der erste Schritt in diese Richtung ist die Buchreihe ›Florian wird Unternehmer‹.

Begleitend zum Buch gibt es eine Webseite, auf der wir ergänzende Texte, weitere Hilfsmittel und häufige Fragen unserer Leser veröffentlichen. Hier soll eine Plattform für diese Zielgruppe entstehen, die einen Austausch und ein gemeinsames Wachsen ermöglichen soll.

Gerne unterstützten wir interessante Unternehmensideen als Mentoren mit Rat und Tat oder auch mit Kapital gegen eine Unternehmensbeteiligung. Denn nur, wenn wir zum Erfolg beitragen, wollen wir auch dafür bezahlt werden. Das macht es für alle Beteiligten interessanter.

Mehr Informationen:
www.florian-wird-unternehmer.de

Danksagung

Für diesen zweiten Band habe ich wertvolle Unterstützung erhalten. Daher möchte ich mich ganz herzlich bedanken bei Evi Anderson-Krug und Annemarie Freitag für ihre inhaltliche und dramaturgischen Anmerkungen sowie bei Manfred Schmidt, der mir als Steueranwalt die Inspiration für weite Teile des zweiten Bandes lieferte und mir interessante Details zur Steuerfahndung mitteilen konnte. Ich hab mich stark daran orientiert und nur hier und da meiner künstlerischen Freiheit Ausdruck gegeben.

Ich möchte mich außerdem bei den vielen tausend Lesern des ersten Bandes bedanken. Ihr habt durch das Herunterladen des eBooks dafür gesorgt, dass der Titel kurzzeitig die Amazon-Hitliste gestürmt hat und so viele interessierte Jugendliche erreichen konnte.

Vielen Dank auch an alle, die mir insbesondere aufbauendes Feedback zum ersten Teil gegeben haben. Möge euch der zweite Teil ebenfalls viel Freude bereitet haben.